構築された仏教思想

ゴータマ・ブッダ——縁起という「苦の生滅システム」の源泉

並川孝儀

まえがき

仏教の開祖であるゴータマ・ブッダ（釈尊）が何を悟り、何を人々に説いたのか。この命題に未だ誰も納得できる答えを出してはいない。初期経典で見られる説示の内容や後代に作られた多くの仏伝が伝える生涯の事跡などを、さまざまな視点・方法から推測し、それぞれが信じるところに答えを見出しているにすぎない。ある意味、この命題を仏教の永遠の課題としてもち続ければ、ゴータマ・ブッダの存在とその宗教性を深淵で崇高なものとしていつまでも維持し続けることになるのかもしれない。しかし、ゴータマ・ブッダの存在は決して神秘的なヴェールに包まれるべきものではない。伝統的価値が失われ混沌としたインド社会に、新しい波を創出したゴータマ・ブッダの宗教的な完成に裏付けられた生きざまと宗教性・思想性は、彼の生きた時代に色濃く刻まれた足跡である。その足跡は社会に開かれ、人々の心に伝え拡げられたものである。その世界を明らかにすることは、二五〇〇年もの歴史を誇る仏教という宗教の本質を明示することでもある。

では、我々が何の疑いもなくいう、そのゴータマ・ブッダとは、実のところ何を指しているのであろうか。一般に初期経典に見られるブッダ・世尊と呼称される対象と同一視されているが、それで済まして、はたして正しい歴史認識といえるのであろうか。仏教の興りを考える場合、両者に違いがあるのか、あればその相違は何であるのか、といった厳密な視点が求められるのである。さらには、ブッダと仏弟子との関係は実際にはどうであったのかなどの点にも目をやりながら、最初期の仏教の実情に迫る必要があろう。

本書では、こうした問題意識をもちながら、仏教の根本思想といわれる縁起説をテーマとして、これがゴータマ・ブッダの悟りで内観した真理であり、かつ具体的には十二支縁起説であったのかどうか、また一方で縁起説はゴータマ・ブッダによると思われているものの、実は受け継いだ仏弟子たちの実践と智慧によってさまざまな説が構築されていったものであると考えるべきなのか、などをさまざまに論じていきたい。

目次

装幀＝大竹左紀斗

第一章

ブッダとゴータマ・ブッダ（釈尊）

今から約二五〇〇年前にインドのガンジス河中流地域で独自の宗教観に基づき、インドの文化を長きにわたり構築してきたバラモン教という伝統的な宗教に対峙して、それとは異なった宗教・思想を興し、新たな流れを創り出したのが、仏教の開祖ゴータマ・ブッダ（釈尊）である。そのゴータマ・ブッダに対する一般的理解は、おおよそ次のようにいえるであろう。

ゴータマ・ブッダは、将来の王という身分と妻子を捨て、出家して後、修行に励み、ついには悟りの境地を得て、八〇歳で亡くなるまで、「唯一のブッダ」として人々に苦悩からの解放を説きながら真実の教えを広めていく。次第に仏教教団が形づくられ、その主導者として教祖として崇められる存在となっていく。その教えに共感し、それを実践した仏弟子といわれる多数の修行者（比丘《びく》・比丘尼《びくに》）と多くの信者（優婆塞《うばそく》・優婆夷《うばい》）がブッダとその教団を支える。ブッダの教えの根本には無我思想や縁起思想があるといわれ、修行方法は禅定を中心としたものとされる。ゴータマ・ブッダのこうした教えは仏滅後にはさらに広められ、仏教教団は次第に拡大し、当時のインドにおいて有力な宗教として存在することになった。初期仏教経典とは、そうしたブッダの教えがつぶさに説かれたものであり、初期仏教経典を見れば、仏教の最初期の状況が判るものと考えられ、それ自体が史実であるかのように理解されることもある。

それでは、仏教の興った当時の状況がはたしてそのような理解の通りであったのかを検証するために、従来とは異なった視点から改めて考えてみたい。では、最初に当時の仏教を知る上でキーワードともいえる「ブッダ」という呼称について、その意義を詳しく眺めることから始めてみよう。

1　ブッダ――普通名詞と固有名詞

最初期の仏教において「ブッダ」とはどのような人物を指していたのか、具体的に眺めてみよう。そうすることによって、当時の仏教の状況が見えてくるはずである。

従来より、ブッダといえばゴータマ・ブッダを指すということに何の疑いももたれていない。しかし、本当にそうなのであろうか。古い資料を見ると、

仏教修行者は時ならぬのに食《じき》を求めて出歩いてはいけない。定められた時に托鉢のために村に出よ。時ならぬのに出歩けば、執着に縛られるからである。それゆえに、ブッダたちは時ならぬ托鉢には出歩かないのである。

（『スッタニパータ』三八六）

と、仏教修行者にブッダと呼ばれる人が複数いたことを示している。これは、仏教内においてゴータマ・ブッダ以外にもブッダが存在していた証《あかし》となる。さらには、仏弟子をブッダと

表現していた例として、

懸命に精進するコンダンニャ（憍陳如《きょうじんにょ》）長老は、ブッダに従って悟った人（ブッダアヌブッダ）であり、生死を離れ、清浄なる行いを完成した人である。（『テーラガーター』六七九）

を知ることもできる。コンダンニャ長老は、伝承によればゴータマ・ブッダが悟った後に初めて説法を行い、次々と悟りの境地に入った五人の修行者の一人とされる。この偈では、その長老を「悟った人」（ブッダ）と、はっきりとブッダと表現しているのである。つまり、仏弟子がここではブッダと呼称されているのである。コンダンニャ長老以外にも、マハーカッサパ（大迦葉《だいかしょう》）がブッダと呼ばれていた痕跡も見られ、またジャイナ教古層聖典『イシバーシヤーイム』にもサーリプッタ（舎利弗《しゃりほつ》）がブッダと紹介されている。このように、いわゆる仏弟子といわれる修行者にもブッダという呼称が用いられていたことが判る。

　こうした例は何を意味しているのであろうか。当時の仏教では、ブッダという呼称がある人物に特定されて用いられていたのではなく、修行を完成させた理想的な仏教者に一般的に使用されていたのである。実は、当時のインドにおいては、真理を悟った人に対して、バラモン教でもジャイナ教などでもブッダと呼んでおり、仏教もそうした呼称に倣《なら》って用いたとしても、何の不思議もない。このブッダの呼称は、一般的な普通名詞で用いられていたもので、それが仏教でも適用されていたということであろう。決して、最初からブッダという呼称は、ゴータマ・ブッダに特定されていたわけではなかったのである。

ところが、そうしたブッダという呼称の使われ方にも変化が生じることになる。その事情を示唆してくれるのは、

世尊よ、見事にお説きになったこの教えは奥深く、安楽をもたらすものである。それを皆は聞きたがっているのです。どうぞお説きください。ブッダたちの中で最もすぐれた方よ。

（『スッタニパータ』三八三）

という偈である。ここには、世尊の言い換えとして「ブッダたちの中で最もすぐれた方」（ブッダセータ）という表現が見られるが、この「ブッダたちの中で最もすぐれた方」こそ、ブッダの呼称に変化のあったことを示している。なぜなら、これは、多くのブッダが存在しているが、世尊（ゴータマ・ブッダ）こそがその中で最もすぐれたブッダであることを示しているからである。つまり、ここにはブッダという呼称が特定化されていく流れを読み取ることができ、つまり普通名詞から固有名詞へと移行する過程が見事に示されている。

また、先に紹介した「ブッダに従って悟った人」という表現も、ブッダの固有名詞化の事情を我々に教えてくれる。この語句の最初にあるブッダは、初めての説法で五人に教えを説

いたゴータマ・ブッダのことを指すのであるが、これは一般的な普通名詞としてのブッダの呼称ではなく、ゴータマ・ブッダの生涯に伝えられているように、最初に悟りを体得した唯一のブッダとして理解できることから、ブッダの固有名詞化が進んだ例と見なせる。その意味では、「ブッダに従って悟った人」には、普通名詞としてのブッダと固有名詞としてのブッダという二つの用法が一つの語句に同時に含まれていることが判る。

これらの例を眺めると、仏教の最初期にはブッダと呼ばれる修行者が多数存在したが、のちに特定化が進み、ブッダという呼称は一人だけに使用されるようになったと考えられる。言い方を換えれば、ブッダは普通名詞から固有名詞化したものといえる。要するに、最初期の仏教においては段階的にブッダが一人に特定される歴史的な過程を経ていたということを、これらの資料によって知ることができる。したがって、最初からブッダはゴータマ・ブッダだけであったと理解するのは、正しい歴史認識ではないということになろう。

2 ブッダの宗教性

そこで、次に仏弟子とブッダ（普通名詞としてのブッダ）の両者にどのような相違が見られるのか、その点について古い初期経典を見ながら考えてみよう。その目的は、仏弟子と違ったブッダの宗教性とは何かを知るためであるとともに、また一方ですぐれた仏弟子にブッダとしての要素が隠されている可能性を探るためでもある。

すでに、サーリプッタやマハーカッサパ、コンダンニャのような理想的な修行を実践したすぐれた仏弟子もブッダと呼ばれていたと指摘したが、彼らの宗教性がどのように表現されているのか、具体例を挙げてみよう。智慧第一といわれたサーリプッタに関しては、

セーラよ、私が転じた無上の真理の輪を如来に続いて出現したサーリプッタが転じるのです、と世尊が答えた。（『スッタニパータ』五五七）

智慧が深遠で、英智に富み、種々なる道に熟知し、偉大なる智慧者サーリプッタは修行者たちに真理を説く。（『テーラガーター』一二三二）

サーリプッタのように智慧と戒と平静さとによって彼岸に到達した修行者は、これだけでも最上なる者となるであろう。（同一一八二）

などの偈が見られ、他にも「多数のすぐれた徳性を具えた」、「尊敬を受けるにふさわしい」、「しっかりと確立した偉大な禅定者であり、心が安定している真理の将軍」、「心解脱と慧解脱の両方において解脱した」、「怒ることもなく、求めることも少なく、柔和で、よく制御した」などと表現されている。頭陀第一と称讃されたマハーカッサパには、

ブッダの息子であり、後継者であるカッサパは心がよく安定している。過去世の境涯を知る彼は天界と地獄を見ている。

（『テーリーガーター』六三）

という表現のほかに、「恐れおののきを捨てた」、「焼かれ苦しんでいる人々の中にあって安らかな」、「執着なく、なすべきことをなし終え、煩悩の汚れのない」などと描かれ、コンダンニャは、

大威力を有し、三明《さんみょう》を体得し、他人の心を見抜くことに巧みな、ブッダの後継者コンダンニャは、師の両足に頭をつけて敬礼《きょうらい》する。

（『テーラガーター』一二四八）

や、その他に「清らかな行いを完成させた人」、「生死を繰り返す輪廻を捨て去り」などと表現されている。

これら以外にも多数見られる仏弟子の表現を整理してみると、次のようである。煩悩の滅尽などに関しては「あらゆる煩悩の汚れを滅尽した」、「迷いの根本を滅した」、「悪魔の領域を征した」、「煩悩の矢を抜いた」など、輪廻や再生などに関しては「最後の身体を保っている」、「今や二度と迷いの生存を繰り返すことはない」など、三明や神通《じんずう》などに関しては「超人的な神通力を完成した」、「三明を体得した」、「六種の神通を悟った」などが、解脱や涅槃

に関しては「あらゆる苦しみから解脱した」、「生死の彼岸に達した」、「完全なる涅槃に入った」、「最高の寂静《じゃくじょう》を体得した」、「世間にありながら執着を乗り越えた」など、その他「あらゆる生きものを慈しむ者」、「なすべきことをなし終えた」、「しっかりと確立した」、「多数のすぐれた徳性を具えた」、「偉大な禅定者」、「清らかな行いを実践した」などと表現されている。

それでは次に、こうした仏弟子に対する表現は、ブッダのそれと同じなのか、異なるものか比較してみよう。そのためにまず、ブッダとはどういう宗教的性格を有しているのかについて見ると、

全宇宙の生滅や生きものの生まれ死する輪廻を考察し、汚れから離れ、汚れなく、清浄で、二度と生まれを繰り返すことがなくなった人、その人こそがブッダといわれる。

（『スッタニパータ』五一七）

と明確に定義される。その他にも、煩悩の滅尽などに関しては「迷いの根本を滅した」、「悪魔を征服した」、「煩悩の矢を抜く最上なる人」、「執着がない」など、輪廻や再生などに関しては「最後身を保った」など、三明や神通などに関しては「過去世の境涯を知った」、「天界と地獄を見る」、「生きる者たちの死と生とをすべて知った」などが、解脱や涅槃に関しては

「あらゆる点で解脱した」、「完全なる涅槃に入った」、「苦しみの彼岸に達した」、「憂いと悲しみを渡り終えた」など、その他「あらゆる生きものを慈しむ人」、「しっかりと確立した」、「あらゆるすぐれた徳性を具えた」、「清らかな行いを完成した」などと表現されている。

このように、仏弟子やブッダと表記された、その宗教的要素を比較してみると、そこにはほとんど違いのないことが判る。このことは、仏弟子とブッダとの間に、宗教上から見て我々が「仏弟子はブッダよりも劣った存在」であると理解しているほどに、実は差異がないことを気づかせてくれる。両者は仏教修行者としてほぼ同等ともいえる宗教的境地にあったことが窺われる。こうした結果は、すぐれた仏弟子がブッダと呼ばれていた存在であったことを裏付ける。

しかし、すべてが同じなわけでもない。たとえば、「真実を見る眼をもつ人」、「太陽神の末裔《まつえい》」、「師」などは、ブッダに対してだけ用いられる語句であり、決して仏弟子には用いられることはない。釈迦族の先祖は太陽神であるから「太陽神の末裔」はゴータマ・ブッダを指し、仏教教団の主導者に用いる名称「師」も教祖となったゴータマ・ブッダを指すものと考えられ、その意味でこれらが仏弟子の表現として使用されない理由は至極当然である。

3　唯一のブッダ――ゴータマ・ブッダの〈誕生〉

さらに、ゴータマ・ブッダだけに用いられる表現で何よりも特筆すべき点は、次の偈に端的に見られる。

あなたはブッダです。あなたは師です。あなたは悪魔を征服した沈黙の聖者《しょうじゃ》です。あなたは煩悩の根を断ち切って、自ら〔輪廻の流れを〕渡り終え、この人々を渡す。

（『スッタニパータ』五四五・五七一、『テーラガーター』八三九）

ここでいう特筆すべき表現とは、この後半部「自ら〔輪廻の流れを〕渡り終え、この人々を渡す」という文の「渡り終え、渡す」という箇所であり、その行為者は、師と説かれていることからゴータマ・ブッダを指すという点である。そして、この内容が、自らが輪廻の流れを渡り終えたのちに他の人々も同様にしてその流れを渡すといった、自らが悟りを得たのちに他者をも悟りへの世界へと導く救済の行為を説いている点に重要性がある。ここに、固有名詞としてのブッダ、すなわちゴータマ・ブッダだけの宗教性に衆生救済という属性が含まれるということが判る。たしかに、仏弟子にも「大いに利益をもたらす者」、「最上の福《ふく》田《でん》」のような類似表現もあるが、これには自ら他者を悟りに導くといった内容を含んでおらず、両者の意味は本質的に異なる。

ところで、ここで「自ら〔輪廻の流れを〕渡り終え、この人々を渡す」という文節の資料的意義について少し付言しておこう。のちになると、将来に仏にならんとしてあらゆる生きものを救いたいと菩薩が四種の誓願をおこし、仏がそれを授記するという、いわゆる四弘誓願《しぐぜいがん》説が成立するが、その成立の契機になったのがこの文節と考えられる。つまり、菩薩が衆生救済のためにおこした誓願の源流は、実はゴータマ・ブッダだけに付与された宗教性にまで遡るのである。

こうした救済性がゴータマ・ブッダだけの表現として説かれることは、大きな意味がある。この救済性が確立することによってこそ、唯一のブッダのゴータマ・ブッダ、つまり教祖としてのブッダが完成したのではないかと考えられるからである。そうであれば、のちに大乗仏教で強調されてくるブッダの救済性の源泉も、ブッダが固有名詞化され、仏教史上の一大人物が誕生する段階で、新たに付与された宗教的特性であったと考えてよいであろう。

このような唯一にして偉大なブッダの「誕生」は、救済性という新たな宗教的要素の付与とは別に、仏教教団においてどのような状況を生むことになったのであろうか。

教団におけるブッダと仏弟子の関係を示す初期経典の表現を見ると、仏弟子とは「ブッダの教えを体得した者」という定型句で示されている。仏弟子はブッダの教えに従って教えの内容を体得した者であるとし、明確にブッダの従者と規定している。このほかにも「ブッダの息子」、「ブッダの後継者」、「ブッダの弟子」、そしてサーリプッタには「如来（ブッダ）に続いて出現した者」などの表現が見られる。これらは、要するに仏教教団におけるブッダと仏弟子の両者を上下関係や主従関係によって明確に示したものである。仏弟子が文字通りゴータマ・ブッダの弟子、相続者といった教団内における上下、主従関係にある点は、周知の内容であり何の疑いの余地も入らない仏教教団における大前提というべき関係ではある。

しかし、ここで指摘しておかなければならないのは、こうした教団上の関係が宗教的内容やその属性にまで波及して認識されてしまっているという問題である。すでに、仏教の最初期には出家者として理想的生活を遂行したすぐれた仏弟子たちもブッダと同等の宗教的性格を有し、一部の仏弟子はブッダと呼称されていたと指摘したが、実は両者間にはほとんど宗教上に差異がないというこうした事実が隠されてしまっているのである。表出しているのは教団的な側面だけであり、一部のすぐれた仏弟子たちがブッダと呼ばれていた点などの宗教的側面は教団の構造の中に埋没してしまっているのである。

これは、おそらくブッダの固有名詞化、絶対化の過程で生じた結果によるものであろう。本来、普通名詞として用いられていたブッダも固有名詞化される過程で、ブッダという呼称はゴータマ・ブッダに単一化され、またブッダたちの宗教的属性もすべてゴータマ・ブッダに収斂《しゅうれん》されることとなり、さらには新たに救済性という宗教的要素が加えられた結果、教団上、宗教上の一大人物の誕生となった。他方で、この過程においてブッダと称されていた仏弟子からはブッダという呼称が消え、さらにそれは宗教的境地にも波及し、両者間の宗教的評価に上下が設定されることになったのであろう。それゆえ、仏弟子にはブッダと異なった呼称が必要となり、当時同じような呼称として用いられていた「阿羅漢《あらかん》」のような他の呼称が代わりとして後に用いられることになったのではないかと推定される。

今日、我々が目にする初期経典に出てくるブッダの語は、すべて唯一のブッダである固有名詞のブッダとしてのみ理解するのではなく、本来は普通名詞のブッダとして伝承されてきたものも、そこには含まれていることを認識する必要がある。ブッダの固有名詞化、絶対化への過程に対するこうした批判的な視点こそが、初期経典を正しく読み解く条件となるであろう。

では、こうした状況が生まれたのには、どういった歴史的な背景が考えられるであろうか。さまざまに想定できようが、ここではその根拠の一つとしてブッダ滅後の教団の状況を挙げることにしよう。ゴータマ・ブッダの滅後に、ブッダの教えの散失をおそれて開かれた第一結集《だいいちけつじゅう》においてアーナンダ（阿難《あなん》）が法（経）を、ウパーリ（優波離《うぱり》）が戒律の基本条項をまとめた。これを基点として、その後の教団は、法の伝授の系譜から眺めると、アーナンダと彼の直弟子と目される人物がその活動の中心となっていたと思われる。さらには、ブッダ滅後一〇〇年（あるいは一一〇年）には、当時ヴェーサーリーの比丘たちが一〇種の戒律（十事）に反する行動を起こし、それに反対する比丘たちとの間で論争となり、それを裁定するために開催された、いわゆる第二結集においても、十事に対する裁定者やその重責を担った人物のほとんどが、アーナンダの弟子であったとする伝承が多く見受けられる。結集や根本分裂に関する伝承には、史実と認められるかどうか疑問視しなければならない点もあるが、しかしそれらの伝承の背景にアーナンダとその流れを汲む者たちが当時の仏教教団において指導的立場をもって活躍していたことを推測させる。

換言すれば、ゴータマ・ブッダの滅後から少なくとも一〇〇年の間、仏教の礎が構築される極めて重要な時期において教団の運営に大きな影響力をもっていたのがアーナンダと彼の直系の弟子たちであり、このようなアーナンダ系の弟子たちによる教団への大きな関わりは、原始仏教を考察する時、決して無視できない重要な前提となる。第二結集の直後に根本分裂が起こり、それ以後は経や律は部派ごとに分かれて伝えられることになるだけに、それまでの一〇〇年間という期間は、初期経典の形成やブッダ像の構築など仏教の基本的構造が作り上げられていた時代であるということの確認は極めて重要である。ゴータマ・ブッダの晩年の二五年間仕え、後に多聞第一と称されるアーナンダおよび彼の直系の弟子たちが、この時代、仏教教団で中心的役割を果たす立場にあったことは、ゴータマ・ブッダが唯一にして偉大なブッダとなっていったこととはたして無関係であったといえるであろうか。

4　初期経典に見られるブッダとは？

初期経典に出てくるブッダには、唯一のブッダ（ゴータマ・ブッダ）以外にも、普通名詞のブッダとして伝承されてきたものも含まれていることを認識する必要があるとすでに指摘した。初期経典のブッダとは、世尊として尊敬されるゴータマ・ブッダであると一般的には理解されているが、多く存在したであろうブッダと唯一のブッダとの未区分や、歴史上のゴータマ・ブッダと理想化されたゴータマ・ブッダとの未区分によって、原始仏教が正確に理解なされていないきらいがある。このブッダという名の対象が曖昧になっていることにより、原始仏教におけるブッダの理解も雑駁なものになっている。そこで、まず初期経典でのブッダという存在者をどのように読むべきか、意味づけるべきなのかを少し考えてみよう。

ゴータマ・ブッダの滅後、仏弟子たちはそれぞれの立場や視点からゴータマ・ブッダの原初的なさまざまな教えの中で、何がその根本であるのかを模索し、時にはある教えに、時にはそれとは異なった教えに焦点を合わせて解釈し、教理化と体系化を進めた。そうした過程を経て多くの経典ができあがり、今にいう初期経典、とりわけ散文経典として伝承されることになったのであろう。初期経典には、すべてが一方向に説かれているわけではなく、立場の違いや、時には正反対の教えすら見られるのも、実はこうした事情があるからである。ゴータマ・ブッダの教えがそのまま継承されていれば、その内容には多様性が生じるはずがないのである。ほとんどの初期経典がブッダの滅後になって徐々に仏教教団でまとめ上げられ、中には新たに解釈して生み出されたものがあるにもかかわらず、それを対象にして我々はそれらを歴史上のゴータマ・ブッダの教えであると読み込み、それをもってああだこうだと論じているのである。初期経典の内容は、源流を遡ればゴータマ・ブッダにたどり着くが、ある意味で多くの内容は伝え継承していった仏弟子たちの所産といってもよいものなのである。

では、なぜそのような展開を見せたのであろうか。おそらくは、ゴータマ・ブッダの教え自体がのちに体系化される以前の原初的な状態であったこと、また何かに特定化されたものがなかったことなどが理由として挙げられようが、何よりもゴータマ・ブッダが教えを断定的に説かなかったことが、のちにさまざまな解釈を許容し、多様性が生まれる要因になったものと考えられる。その結果、すぐれた知性と感性を具え、道を求め修行を重ねたさまざまな仏教修行者たちの智慧が、最初期の仏教の歴史に数多くの初期経典という豊かな実りをもたらすことになったのである。そう考えれば、初期経典に見られるブッダや世尊という語は、実はブッダと呼ばれていたような仏弟子たちをも含んだ総体として理解すべき呼称であることに気づく。初期経典に説かれている内容には、決して「ゴータマ・ブッダは……した」とか、「ゴータマ・ブッダは……である」と読むのではなく、「仏弟子がゴータマ・ブッダは……したと思う」というように解釈すべきところも多くある。つまり、ゴータマ・ブッダは、すべてが主文の主語ではなく、副文の主語と読むべきところが多いと考えるべきである。このように、初期経典に見られるブッダの語が指し示す対象をより正確に理解することによって、初期経典に説かれる世界が正しく読まれるようになるのであろう。

5　ゴータマ・ブッダの死によって仏教が始まった

ゴータマ・ブッダの生涯の事跡は史実に基づいたものもあるが、多くはむしろ滅後に仏弟子などによって作り出されたものである。もとより、ゴータマ・ブッダは、在世時にはブッダと呼称されていた理想的な仏教修行者たちの一人として存在していた。しかし、滅後になるとブッダという呼称も一人だけに用いられるようになり、その結果、その一人となったブッダこそが仏教教団の教祖と位置づけられ、ブッダといえばゴータマ・ブッダであると理解されるようになった。こうした教祖という存在が誕生したからこそ、生涯つまり仏伝を描く必要性に迫られたのであろう。この状況がはっきりと現れてくるのは、ゴータマ・ブッダの死後になってからであろう。ブッダの生涯に関する事跡には、伝えられたものもあったであろうし、また仏弟子たちのゴータマ・ブッダに対する追慕の念や尊崇の気持ちから生み出されたものもあったにちがいない。

こうした仏伝も一気に仕上げられたものではなく、何世紀もかけて徐々にできあがっていったことは、現存している仏伝文献の成立時期を見ても判ることである。また、それら諸文献に見られる仏伝の内容が一定していないことも、こうした成立事情を反映しているのであろう。事実、最古の仏教を伝える『スッタニパータ』の第四章・第五章には、兜率天《とそつてん》からこの世に生まれられたという記述（九五五、九五六偈）以外に仏伝に関する記述はまったくといってよいほど見られず、ゴータマ・ブッダの事跡はそれ以後の成立といわれる同第三章になると、誕生（六八三—六九四偈）や出家（四〇六—四二四偈）、悟りの直前の心境を悪魔との戦いで表現された降魔《ごうま》伝説（四二六—四四〇偈）などが見られるようになり、さらに初期経典の散文資料になると『マッジマニカーヤ』（中部経典）の「聖求経《しょうぐきょう》」（アリヤパリエーサナ・スッタ）には出家・禅定の修行・苦行・成道の事跡が、『ディーガニカーヤ』（長部経典）の「大般涅槃経《だいはつねはんぎょう》」（マハーパリニッバーナ・スッタンタ）には最晩年の事跡や、火葬の模様、遺骨の分配などが編年体で綴られるようになる。しかし、生涯全体を通した仏伝ができあがるのは、さらに時代をまたなければならない。

このように、ゴータマ・ブッダの死後、時代を経るに従って、徐々に生涯の全体像が見られるようになるのである。時には、ゴータマ・ブッダを神秘化することで荒唐無稽とも思える話すら作られるようにもなる。しかし現在に目を向けると、多くの入門書類を見ても判るように、ゴータマ・ブッダの生涯に関する伝承は史実としてそのまま理解できないものもあると考えているにもかかわらず、あたかも史実であったかのように扱ってしまっているのが実情といわなければならない。そして、その内容がゴータマ・ブッダの生涯だと一般的に理解されてしまっているのである。

こうした流れは、ゴータマ・ブッダの生涯だけの問題なのではない。仏教教団の中心的存在としてその役割・立場が構築され、宗教上からも次第に誰もが到達しえない境地を体得した唯一の存在となったゴータマ・ブッダ像そのものも、同様に理解されるべきことなのである。こうしたブッダの誕生は、まさにゴータマ・ブッダの死後であって、在世時にはありえることではなかったであろう。

つまり、我々が知っている仏教は、実はこのようにゴータマ・ブッダの死によって始まったと理解すべきことなのである。それは、ゴータマ・ブッダの死の意味を考えるとよく判る。ゴータマ・ブッダの死とは、決して一般的な人間の死なのではない。その死には、完成を意味するところに大きな意義がある。つまり、三五歳で成道したが、未だ肉体を有している限り、ブッダには煩悩や執着が微塵であれ残存していると見なされた。だから、死こそは残存していた煩悩や執着をも完全に消滅したものとされ、それをもって完全な悟りと解釈したのである。「大般涅槃経」には、ゴータマ・ブッダの死を「完全に煩悩を消滅した」という意味の「般涅槃」が用いられていることからも判る。ゴータマ・ブッダは、死を介して宗教的な究極を実現した人物として認識され評価されることによって、偉大にして完全な人物像が宗教上からも教団上からも確立されることになった。

すでに指摘したように、ブッダの呼称も普通名詞から固有名詞化して、唯一のブッダが誕生したが、これがいつ頃のことなのか明確には判らないものの、ブッダ滅後の可能性が極めて大きい。このように、唯一のブッダとしてのゴータマ・ブッダの誕生も、この般涅槃の問題と同一線上で考えられるべきことである。

そうした人物の誕生が前提となって仏教が構築されていったと見るならば、まさに仏教はゴータマ・ブッダの死によって始まった、と理解してもよいのである。

こうした問題は、「ブッダ」の語それ自体の使われ方を眺めてみても、それと軌を一にした展開を見せている。最古の資料といわれる『スッタニパータ』の第四章・第五章には、ブッダという語は一例のみで、それ以後に成立したといわれる資料になると一気にその用例は多くなり、ブッダの派生語も多く見られるようになる。『スッタニパータ』の第四章にはゴータマ・ブッダの金口《こんく》直説《じきせつ》が一部残されているとの指摘もあるが、ほとんどは滅後に伝承されたものであるから、ゴータマ・ブッダ在世中には、ブッダは多くの呼称の中でも決して特別なものではなかったのではないかと推測できる。とすれば、ブッダという呼称が特別な意味をもって用いられるようになったのは、ゴータマ・ブッダの滅後に他の多くの呼称の中から何らかの理由で選ばれて以後のものだと考えてよい。そして、この呼称が「仏教」という宗教名のもとになったのであろう。そう考えれば、「仏教」や「仏教徒」といった名称は、ゴータマ・ブッダ在世中にはなかったと判断せざるをえない。

このような理由で、仏教のすべての始まりが「まずゴータマ・ブッダありき」で解釈されることは、決して正しい仏教理解を生むものではなく、とりわけ仏教の興りや最初期の展開においては、そう考えることによって史実から遠ざかってしまうことすらありえるのである。

第二章

最初期の仏教とその時代背景

ここで、仏教が興起したインドの時代と社会背景について眺めておこう。

1　仏教が興った時代と六人の沙門

仏教が興起する紀元前六、五世紀ごろまでのインド社会は、伝統的なバラモン教を軸に構築され、そのバラモン教にあっては宇宙の根本原理であるブラフマンと個人の主体を形成するアートマンの一体化という絶対性に基づいた一元論を唱え、宇宙創造の真理の体得を教えていた。しかし、次第にそうした文化の指導的原理や価値の体系も失われ、バラモンによる祭儀文化も因習化して、社会もバラモンを頂点とした差別的な身分制度（後代になってカースト制度と呼ばれる）が徹底され、人々は苦しみの中に身を置き、どこにも救いを見出せず、終わることのない負のスパイラルともいうべき輪廻業報の世界に埋没していた。

一方で経済事情に目を転じると、都市社会の出現など大きな変貌がガンジス河中流地域を中心に起こっていた。農産物やその他のさまざまな物資が出回り、それに伴い商工業も盛んになり、貨幣なども出現して経済活動が急速に高まり、その結果、数多くの都市ができた。それまでの農村を中心とした閉鎖的社会から、新たな価値をさまざまに生む都市社会へと変貌する時代でもあった。

このように、一方でバラモン教の閉塞感やバラモンの権威の失墜によってその主導性は失われ、他方ではそれまでとまったく異質な社会の出現の中で、宗教や思想の世界でも、それまでのバラモン教とは異なった、自由で清新な考え方をもつ人々が社会に迎えられることになった。こうした人々は沙門《しやもん》と呼ばれ、バラモン教を批判して新たな道を摸索し、それぞれが独自の思想を唱えた。仏教を興したゴータマ・ブッダも、こうした沙門の一人としてバラモン教が説く絶対性の否定や差別的社会の否定などを唱え活動した人物であった。

そうした一群の中に、ゴータマ・ブッダとともに修行する者たちや、また仏教の側から六《ろく》師《し》外《げ》道《どう》と称される、当時を代表する六人の沙門たちもいた。サーリプッタとマハーモッガラーナ（大目犍連《だいもくけんれん》）の師でもあったサンジャヤ・ベーラッティプッタはその中の一人で、形而上学的な問題については確定的に答えず、判断停止という対応をとった懐疑論者と伝えられている。アジタ・ケーサカンバラは、地・水・火・風のみが実在するという唯物論や現世での快楽論を唱え、この立場の人々は順世派《じゆんせいは》（ローカーヤタ、チャールヴァーカ）といわれる。マッカリ・ゴーサーラは、すべては運命に支配され輪廻の中で流転し続けるという宿命論者で邪命《じやみよう》外《げ》道《どう》（アージーヴィカ）と呼ばれ、プーラナ・カッサパは、善業を行っても悪業を行ってもそれらにふさわしい報いを受けることはないという道徳否定を唱えた人物であり、パクダ・カッチャーヤナは、人間は地・水・火・風・苦・楽・生命の七つの要素で構成された存在であると説いた。そして、ジャイナ教の開祖といわれ、大悟して後にはマハーヴィーラやジナ（勝者）とも尊称されたニガンタ・ナータプッタの以上の六人がいわゆる六師外道といわれる人々である。その他にも、仏教以外に六二の思想（六十二見）が存在したことや、三〇〇以上という数の思想家たちが存在したことも伝えられている。

2 仏教とジャイナ教の類似性

これらの中で、仏教とジャイナ教は二大宗教として当時のインド文化にとりわけ大きな役割を果したといわれる。仏教とジャイナ教とは、のちの歴史的展開によって相違や独自性が顕著になってくるものの、成立当初は同じ土壌の中から生まれた宗教であるだけに、類似性や共通性が数多く見られる。ジャイナ教とのそうした関係を知ることは、成立時における仏教の内情をより正しく知ることにもなる。そこで、少し仏教とジャイナ教の類似点にも触れておこう。

ジャイナ教は、ジナとも呼ばれるマハーヴィーラを開祖とし、生きものを傷つけないという徹底した不殺生（アヒンサー）を倫理上の原理として、無所有、厳しい苦行、禁欲主義の実践を重んじる。ここには、輪廻する生きものとの一体感を相互に共有する態度と、そこから生じる生命への尊厳を訴える姿勢が窺える。

仏教とジャイナ教という二つの宗教は、共にバラモン教の唱えた宇宙と個の根本原理を認めず、階級差別の否定、バラモン教の祭祀への批判、開祖の生涯・伝記、修行完成者の呼称、修行生活の規定、教団の構成、古層聖典の構成・内容など数多くの点で類似している。

思想についても多く共通点が認められる。

たとえば、ジャイナ教の古層聖典について眺めてみると、仏教の『スッタニパータ』を想起せしめる文献ともいわれ、最古の核心部分は金言などからなる『ウッタラッジャーヤー』、初心者への教えとして教義、出家生活、僧団生活に関する格言をまとめた文献で、仏教の『ダンマパダ』を想起させる『ダサヴェーヤーリヤ』、最古層の聖典を含み、苦行者の厳格な生活方法などが説かれる『アーヤーランガスッタ』、修行僧の宗教生活の規定が説かれ、異教の見解を論駁《ろんばく》することからマハーヴィーラと同時代の宗教家・思想家の教説を知ることができる『スーヤガダンガ』、ジャイナ教の立場から当時の四五人の聖者たちの教えを伝えたとされ、その中には真偽のほどは不明であるが、仏弟子として知られるサーリプッタ、マハーカッサパなどを紹介する『イシバーシヤーイム』などがある。これらには、原始仏教の思想や実践、戒律などを彷彿とさせる内容が多数見られる。両教間の類似はそうした点にとどまらず、聖典の偈自体や説示内容にも一致や相似の関係が見られる。とりわけ、『アーヤーランガスッタ』、『ウッタラッジャーヤー』、そして『スーヤガダンガ』などとの関係が多く見られ、こうした多くの対応関係は仏教の成立時において独自性がどこに存在したのかという点を示唆してくれる。

それでは、仏教修行者とジャイナ教修行者の衣・食・住に関する生活の具体例を実際に眺めてみよう。まず、数多く見られる共通点を挙げてみる。食に関しては、乞食する時の行動を蜜蜂が花の色香を害しないことに譬えて無傷害の乞食を共に説いており、また修行者は定められた時にだけ托鉢など世俗の人々のところへ出向くべきであるとし、一日一食を実践している。食の摂り方についても、食の量を知ること、つまり飲食の摂取に過度を避け、ごく少量を摂り、決して美味などにこだわらないことを教えている。また、後代のジャイナ教になると肉・魚を食べることが禁じられたが、最初期では両教共に肉食を禁じ菜食だけを摂るようにと教えたわけではなかった。住に関しては、修行者は、出家して無髪となり、他と交わることなく一人遊行し、住むべきところは人里離れた場所である。出家以前の世俗の生活での妻子、父母、親族に対する愛着を断ち切るためでもある。人里離れた場所には、樹下、屍体捨て場、洞窟、空き屋なども含まれていた。その他でも、修行者の生活の基本として、物、声、香、味、触れられるものに対して愛欲を起こさず、眼、耳、鼻、舌、肌などの感覚を制御すること、また修行者にとって修行の妨げとなるとして占いを禁止すること、身体は不浄であるとの捉え方なども、仏教とジャイナ教に共通する内容である。

一方で、すべてが同じというわけではなく、相違点も当然のことながらある。たとえば、衣に関していえば、ジャイナ教修行者は無所有を厳格に守るために裸形《らぎょう》であったが、仏教修行者はサンガーティーといわれる衣、ぼろ切れをつなぎ合わせた糞掃衣《ふんぞうえ》を身につけ、裸形を否定的に捉えていたということ、また食に関しては仏教修行者は食物の施しを受ける際には鉢《はち》を用いたが、ジャイナ教修行者は容器を用いず手を鉢のようにしたと伝えられる。このように、修行者の生活の基本は共に無所有の実践ではあるが、ジャイナ教はこの点が強調され、裸形や断食、苦行などの実践に結びつけられ、それらを修行者の理想的な生活としている点が仏教とは異なっている。

このように、実際に修行者の生活の具体例を見ると、程度の差こそあるが、ほとんどが同様であったことが判る。当時のインド社会のさまざまな要素を共有するという、同じ土壌で育まれた宗教であることから見れば、当然であったともいえよう。

次に、思想の面からも少し触れておこう。まず、本書のテーマでもある縁起説について見ると、ジャイナ教古層聖典にも仏教と同様の縁起説が説かれている。たとえば、愚かさは渇《かつ》愛《あい》に基づき、渇愛は愚かさに基づき、また貪りと嫌悪は業を種子として生じ、業は愚かさから生じるとし、一方で愚かさがなくなれば苦しみは消滅し、渇愛がなくなれば愚かさは消滅し、貪りがなくなれば渇愛は消滅するというように、生起と消滅のシステムが縁起の論理によって説かれている。仏教の縁起説と項目で一致しているわけではないが、縁起的思考の形態は同じであると見なしてよい。他の古層聖典にも、怒り、自惚れ、虚偽、貪り、渇愛、嫌悪、愚かさ、母胎、生まれ、死、地獄、畜生、苦しみ、それぞれの生起と消滅の過程が縁起的論理によって説かれ、苦しみの生じる根拠を考究する立場がジャイナ教にもあったことが窺える。このように、縁起的論理をもって生起と消滅が説かれていた事実は、仏教もジャイナ教も当時どちらも、これが独自の考え方ではなかったことを示している。

また、解脱に関しても、その境地を「彼岸」といい、その境地を体得した聖者を「流れを渡った人」と呼ぶのも仏教と同様である。時には、その境地をニルヴァーナ（涅槃）や寂静などと表現することがある。無我に関しても、我がものとする、という所有の考えを捨てる意味で無我が説かれるのは、とりわけ無所有を強調するジャイナ教にあっては当然のことである。仏教も最初期にはこの無我の教えが数多く説かれており、共通している。

このように仏教とジャイナ教の類似性の一端を眺めてきたが、あらゆる側面で共通性や類似性のあることに驚かされる。ある意味、同じ時代、同じ地域、同じ環境で成立した宗教の持ち合わせる当然の帰結ではあろう。ともに成立初期の古層の文献にその点が顕著に見られるのも、そうした事情によるものであろう。その中にあっても、仏教にあってジャイナ教にないものは何であるのか、いったい何が仏教に固有なのか、という視点が求められる。最初から他と峻別できる独自性を有して成立したというならば、それは何であったのかを明らかにしなければならず、他方そうではなく歴史的な展開の過程でそれぞれの宗教がその存在意義を確立するために個性、独自性を形成していったと理解するならば、その過程を明らかにしなければならない。

では、このような状況で仏教は最初期どこに主眼を置いて宗教・思想活動をしていたのか、その点を明らかにするために、興起した当時の仏教思想がどのようなものであったのかを考察してみよう。

第三章

最初期の仏教の思想的特色

インドの宗教はそのほとんどが苦悩からの解脱を究極的な目的として、そのための実践方法とそれを支える理論とによって形成されている。仏教でも、興起した当初の原始仏教においても、それに違わず、苦悩からの離脱とそれを実現するための修行や理論が説かれている。まず、理論に関して、その特色はいわゆる仏教の旗印を意味する三法印としてのちにまとめられる「諸行無常」、「諸法無我」、「涅槃寂静」の思想であるとされる。そして、これらは仏教の理論の中心となる縁起説の基礎をなすものであると理解されている。「諸行無常」とは、文字通りすべての現象は絶えず変化し、一瞬たりともとどまることはないということを意味し、「諸法無我」とは、すべてのものは我《が》というような形而上学的にして恒常的に存在しているものではないという意味である。この世の中は無常であり、無我であるという真実の現象世界の在り方を正しく認識しないことで、その在り方と自分の思いとに不整合が生じ、その歪みによって苦悩することになると説くのである。「涅槃寂静」とは、貪りや瞋恚《しんい》(怒り)、愚かさなどの、苦悩のもととなる煩悩が消滅した状態を指すが、この世は無常であり、無我であることを正しく認識し実践すれば、それによって煩悩が静まり、苦悩が起こらなくなるという意味でもある。

それでは、こうした思想が最初期の仏教、すなわちゴータマ・ブッダをも想定しうる時代の仏教では、どう説かれていたのかを検証してみよう。

最古の文献といわれる『スッタニパータ』、その中でも最も古い第四章「アッタカヴァッガ」と第五章「パーラーヤナヴァッガ」を中心に「無常」、「無我」、「涅槃」を取り上げ、実際どのように説かれているのかを眺めてみよう。

1　『スッタニパータ』に見られる「無常」

まず、無常（アニッチャ）に関して見てみよう。

実に人の生命は短く、一〇〇歳までに死す。たとえ、人は生きながらえても老いて亡くなる。　（八〇四）

このような老いていくさまや死が必ずおとずれ、その人生の短さを嘆くといった表現や、

人々は、我がものというとらわれがあるが故に悲しみ悩む。〔我がものとして〕所有しているものが常にあるわけではないからである。この〔世のもの〕は、ただ消滅するだけのものなのであると見て、人は家に住まないのがよい。　（八〇五）

といった俗人の日常生活で生じる苦悩や悲しみが、また、

死に至ったこれらの人々はあの世へと旅立つ時に、父も息子を救うことができず、親族もその親族を救うことができない。（五七九）

と死に対して他者がどうすることも関わりえない無常の感傷ともいうべき世界が描かれている。他にも、身体全体で感じ取った世界を素朴に、そして詠嘆的に表現するものがほとんどであり、それらには教理性などはまったく見られない。ここには一貫して、この世のすべての現象が無常であるにもかかわらず、それを正しく認識できないでいることによって悲しみや苦しみが起こると説かれている。つまり、苦悩や悲しみが生じるのもこの世が無常であることによるものとされているのである。

2　『スッタニパータ』に見られる「無我」

無我（アナッタン）は、一般的に仏教以前のウパニシャッド哲学に説かれる根本原理のアートマン、つまり輪廻をめぐる永続的・実体的な自己の存在を否定した、我とは反定立のものと理解されている。無常の場合と同じように、無我の意味を最古層資料から見てみよう。

無我の用例を眺めると、ほぼ二通りに分類できる。つまり、

①対象を我がものと捉えないという意味
②自分の存在を本体的・実体的な自我として見ないという意味とである。

まず、①対象を我がものと捉えないという意味での例は、

人々は、我がものというとらわれがあるが故に悲しみ悩む。〔我がものとして〕所有しているものが常にあるわけではないからである。この〔世のもの〕は、ただ消滅するだけのものなのであると見て、……。（八〇五）

世間において、我がもの〔という所有〕もなく、ないからといって嘆くこともなく、さまざまな事物に〔心が〕陥ることもない、その人こそが静寂なる人といわれる。（八六一）

名称や形態に我がものというとらわれがまったくなければ、〔あることが〕なくなったからといって悲しみ悩むことはない。その人は、この世において失うことはない。（九五〇）

何かに対して「これは我がもの」とか、「他の人のもの」という思いがなければ、その人は、我がものというとらわれを知ることもないので、「私には〔何も〕ない」といって、悲しみ悩むことはない。（九五一）

などに見られる。これらは、対象を我がものとする所有の欲求や意識をもつことによって、

我々に苦悩や悲しみ、憂いが生じるのであると説いた資料である。輪廻をめぐる霊魂のような存在を否定する在り方を「無我」と見る立場からいえば、このようなものも無我というのかと疑問をもたれるかもしれない。しかし、ある対象を我がものとすることも、我の在り方とすれば、その否定を無我と表現しても問題はない。

それに対して、②自分の存在を本体的・実体的な自我と見なすのを否定した例は、

誤った分別で対象を捉える根本の「私は存在する」というすべて〈の自意識〉を思惟《しゆい》して、抑止せよ。内なる心にあるいかなる妄執をも取り除いて、常に正しく自覚して学修すべきである。（九一六）

仏教修行者は、内なる心を静寂《じようじやく》にすべきである。それ以外に静寂を求めてはならない。内なる心が静寂となった人には、我という存在はない。いわんや、どうして我が存在しないということもあろうか。（九一九）

常に正しく自覚して、我は存在するという誤った見解から出て、世間は空《くう》であると観察しなさい。そうすれば死を乗り越えることができるであろう。……。（一一一九）

などである。それによれば、我が存在するという認識は妄執によって対象を捉える根本であり、死の恐怖から脱することができないと説く。また、煩悩を抑止して心が静寂となった仏

教修行者は、我という存在もなく、我が存在しないということもない境地、つまり我という自己認識の有無を超えた境地を得ているというのである。これらは、自己の存在をあたかも実在しているかのように認識し、それに執着することを否定した無我の例である。

これらから、最初期の仏教では無我の用法は二種であることが判る。すなわち、一つは、対象を自分のものと執着する在り方を否定した意味での無我であり、所有欲によって自分のものにしようとする執着こそが、実は苦悩や悲しみを生むもとになっていると説く。だから、苦悩や悲しみから脱するためには、こうした無我の自覚こそが必要であると説いている。一方の無我は、自分の存在があたかも実在するかのように認識し、それに執着する在り方を否定したものである。これも同様に、苦悩や悲しみから逃れるには無我の自覚が必要と説いている。

こうした自己存在の実在性を否定した無我は説かれているが、しかし輪廻をめぐる霊魂のような永続的な存在を否定した無我はここには見られない。つまり、過去・現在・未来という時間的な範疇の中での我を否定した無我は説かれず、あくまで生きている現在に焦点を当てて、執着やこだわりの対象となっている自己の実体的存在を否定し、苦悩から解放されるべきと提唱しているのである。仏教以前から説かれていた輪廻をめぐる永続的かつ実体的な主体としてのアートマンを直接否定する無我（アナッタン）は言語としては用いられてはいるものの、実際にそうした用法で用いられた例は最古の資料にはまったく見られない。要するに、最古の資料に説かれる無我は輪廻をめぐる主体としてのアートマン（我）の反定立と位置づけるのではなく、あくまで現世という枠組みの中に限定して自他の対象にとらわれないという意味で説かれたものなのである。だから、最初期の仏教では先に紹介した、我というような形而上学的にして恒常的に存在しているものではない、という無我の解釈は見られないのである。

また、無常や無我は仏教思想の中心となる縁起の基礎をなすものであると一般的に理解されているが、これに関してもこうした関係を示す記述は最古の資料にはまったく説かれていない。その辺の事情については、次章で論述する。

3 『スッタニパータ』に見られる「涅槃」

次に、涅槃について考えてみよう。涅槃の原語は「ニッバーナ」や「ニッブタ」であり、その原義は語根をどう見るかによって異なる。しかし、「消える」か、あるいは「覆いを取る」という意味の語根から派生したとするのが一般的な見解である。では、この涅槃という語が最初期の仏教ではどのような意味をもって用いられていたのかを眺めてみよう。

まず、「ニッバーナ」の例を挙げてみる。

この世において見たり、聞いたり、思ったり、認識したりして、好ましいと思う事物への欲求・貪りを取り除くことが、不滅なる涅槃の境地である。（一〇八六）
何も所有せず、何も執着しないこと、これが比類なき洲（避難所）である。この〔洲〕を私は涅槃と呼ぶ。そこでは、老いと死〔の苦しみ〕は滅している。（一〇九四）
この世の人々は、喜悦によって束縛されている。この世の人々の思慮がさまざまに思いを拡げるのである。妄執を捨て去ることによって涅槃といわれる。（一一〇九）

世俗的な営みにおいて生じる欲求や貪り、妄執を取り除いた境地、また所有欲や執着を捨てることによって老いと死の苦しみが滅した境地こそが涅槃であると説いている。

次に、「ニッブタ」とその類似語の例を眺めてみよう。

欲望の中にあって清らかな行いを続け、妄執を離れ、常に正しく自覚し、よく思慮して、涅槃した仏教修行者、その人には動揺はない。（一〇四一）

この他にも「現世において涅槃した人々は、常に寂静で、世間にありながら執着を乗り越えている」（一〇八七偈、参照一〇九五偈）とか、「寂静こそが涅槃と知って」（九三三偈）などが見られるが、ここでは涅槃とは「寂静」であると明快に規定され、欲望の中にあっても妄執を離れ、世間にありながら執着を乗り越えることなどが涅槃の条件とされている。また、「現世において涅槃した」という表現は、生存している人が涅槃の境地に入ることを意味し、大変興味深い。現在という範疇で説くこの視点は、仏教の輪廻観、無我の説かれ方とも軌を一にしており、最初期の仏教の基本的立場を考える上で重要な要素となるので、のちほど論じてみたい。

最古層での涅槃を眺めたが、いずれも生存している人々が妄執を捨て、執着を乗り越えることによって体得される煩悩の消滅した寂静な境地と説かれている。涅槃は、最古層の資料には他の仏教思想に比べて用例も多く見受けられることから、仏教の重要な教えであったと思われる。とりわけ『スッタニパータ』第五章「パーラーヤナヴァッガ」に偏っており、涅槃がこの章を形成する中核思想の一つであることと同時に、最初期の仏教の中心的な教えであったことが窺われる。

以上、仏教の代表的思想と考えられている無常、無我、涅槃が最古の資料にどのように説かれているのかを眺めてきたが、次は最古の資料において初めて「法」(ダンマ)という語で表明された「仏教の真実の教え」が具体的に何と説かれているのかを眺め、そこから最初期の仏教が自らの教えとして他に表明したその基本的立場を考えてみたい。

4 仏教の基本的立場——「正しく自覚して行う」

『スッタニパータ』第五章に、メッタグーという名のバラモン青年が、どうすれば煩悩の激流や、生まれと老い、憂いと悲しみを乗り越えられるのか、ブッダにそのための法（真実なる教え）を説き明かしてくださいと願うと、ブッダは、

> 伝承によるものではない、まさに現世において体得される法をあなたに説き明かそう。
> その法を知って、正しく自覚して行えば、世間にいながら執着を乗り越えられよう。
> （一〇五三、参照一〇六六）

と答える。この偈は、バラモン青年に対してゴータマ・ブッダが苦悩からどうすれば解放されるのかという仏教の神髄を説き明かす状況設定の中で語られたものである。したがって、その内容は当時の仏教が依って立つ基本的立場を端的に表明したものと考えてよい。

この偈の文脈上のポイントは、まず法（ダンマ）は「現世において体得される」ものであること、その法に基づいて「正しく自覚して行えば」、「世間にいながら執着を乗り越えられる」ことの三点であろう。これらの中、「現世において体得される」と「世間にいながら」は、この偈の教えが現在という時間に限定されて説かれていることを明示しており、「正し

く自覚して行う」とは、修行の在り方を説いたものであり、最後の「執着を乗り越えられる」とは、仏教のめざす宗教的境地を示したものである。それでは、これらが具体的にどういった内容を説いたものなのかを、同じ最古の資料から考察してみよう。

まず、「正しく自覚して行う」という修行の実践方法について考えてみよう。同時代の資料によれば、修行は欲望を回避する方法として主に「正しい自覚」（サタ、サティ）が中心に説かれている。これは一般に「念」として知られる語であり、「この法をよく知って」という表現に続いて説かれることが多い。こうした一例を挙げると、

仏教修行者は、この法をよく知って、熟慮しつつ、常に正しく自覚して修学すべきである。寂静こそが涅槃と知って、ゴータマの教えに従って、決して怠けてはならない。（九三三）

とあり、この中の「正しく自覚して」がこれに該当する。この語句の意味は、次の偈で一層明らかになる。ウダヤというバラモン青年に、無明を破り、正しい理解による解脱は何かと問われ、ブッダは、

愛欲と憂いの両方を捨て、沈んだ心を取り除き、後悔しないようにして、平静な心（捨）

と正しい自覚（念）によって清浄となることである。――これは法に関する思索によって生じるものであるが――これが無明を破り、正しい理解による解脱（智解脱）であると、私は説く。

（一一〇六、一一〇七）

と答える。ここには、愛欲（貪欲）と沈んだ心（惛沈《こんじん》）と後悔（悪作《あくさ》）という、後に五蓋《ごがい》として分類される煩悩が「平静な心」（捨）と「正しい自覚」（念）によって清浄になると説かれる。この「平静な心」と「正しい自覚」は、色界禅に当てはめてみれば第三禅と第四禅に含まれる要素である。色界四禅説は後にまとめ整理された修行体系ではあるが、最古の資料においても同類の修行として存在していたものと理解してよいであろう。つまり、この「正しく自覚して」という語句は、具体的にいえば禅定という修行方法であることを示しているのであり、色界四禅説の原初形であると見てよい。したがって、先の偈（一〇五三偈）の「正しく自覚して行えば」とは、「禅定しながら自己を内省して」といった意味に解釈してよいであろう。

5　仏教の基本的立場――「執着を乗り越える」

さて、続いて「執着を乗り越える」について考えてみよう。右と同じように同時代の資料から、その具体的な意味を探ってみよう。

我々は対象を我がものとする所有欲をもつことによって、苦悩や悲しみ、憂いが生じるのであるから、そうした所有欲をもたないことが、無我の意味の一つであったとすでに指摘した。つまり、対象を我がものと執着するのを否定した在り方が無我であるから、この意味から考えると、「執着を乗り越える」とは、無我を言い換えた表現であると理解できる。「人々は、我がものというとらわれがあるが故に悲しみ悩む。……」（八〇五偈）のように、我にとらわれることによって苦悩し、「我がものというとらわれを捨て……苦しみを捨てるであろう」（一〇五六偈）のように、そのとらわれを捨てれば、すなわち無我であれば苦悩から逃れられると説いていることからも判る。要するに、「執着を乗り越える」とは、我がものという執着を捨てれば、苦悩から解き放たれるという意味に理解してよいであろう。また、「執着を乗り越える」は、次のようにも理解できるであろう。「生存のよりどころ〔となる根源的執着〕によって世の苦しみは起こる」（一〇五〇偈）などの例のように、執着・とらわれというものが苦悩を生じる原因と説かれるが、それは執着やとらわれが消滅すれば、苦悩もなくなる。執着やとらわれが消滅することは、苦悩の原因である煩悩が消滅したことでもある。すでに見たように、「事物への欲求・貪りを取り除くこと」が涅槃の境地であり、「何も所有せず、何も執着しないこと」が涅槃と呼ばれ、そこには老いと死〔の苦しみ〕は滅しているると説かれ、こうした執着・とらわれや煩悩がなくなった状態こそが涅槃と考えられるので、その意味で「執着を乗り越える」とは、言い換えれば涅槃のことをいっているとも理解できる。このように、先の偈（一〇五三偈）の「執着を乗り越える」とは、同じ時代層の資料から判断して、「無我の境地を体得して、涅槃の境地を得る」といった意味を内包した文言でもあると言えるであろう。

6 仏教の基本的立場――「現世において体得する」

それでは、次に「現世において」や「世間にいながら」の表現について考えてみよう。これらに共通する「現在」という時間的に限定された表現が、先の偈（一〇五三偈）には短い偈の中で二カ所も見られる。これは看過できない論点といってよいであろう。これより、同じ時代の資料から、この「現在」という視点が涅槃、無我、輪廻の諸思想ではどのように説かれているかを考察してみたい。

まず「涅槃」であるが、すでに涅槃に関する偈を眺めた通り、世俗的な営みの中で「事物への欲求・貪りを取り除くこと」、「何も所有せず、何も執着しないこと」、「妄執を捨て去ること」などによって老いと死の苦しみが滅した境地と表現されている。執着やとらわれ、煩悩を捨て、苦悩から解き放たれることが涅槃の境地を体得することであり、しかも涅槃とはこの世において得るべき境地と考えられていたのである。そのことは、

この〔欲求や貪りを取り除くことが不滅なる涅槃の境地である〕ことをよく知って、正

しく自覚し、現世において涅槃した人々は、常に寂静で、世間にありながら執着を乗り越えている。（一〇八七、参照一〇九五）

という偈の「現世において涅槃した人々」の表現でも見られるように、涅槃が現在という時間の中で説かれていることが判る。この語句はいわゆる「現法涅槃」として知られる表現である。このように、最初期の仏教の中心的な教えであった涅槃が、現在という限定の中で説かれているのは、当時の仏教を知る上で留意しておかなければならない点である。

次に、「無我」であるが、最古の資料における無我にはすでに見た通り、①対象を我がものと捉えないという意味と、②自分の存在を本体的・実体的な自我として見ないという意味の二通りがあった。前者は対象を所有したいという欲望によって自分のものとしようとする在り方を否定したもので、後者は自己の存在をあたかも実在するものとして認識し、それに執着する在り方を否定した無我である。この後者の無我は、実体的に捉える自己存在の否定として説かれても、いわゆるアートマンのような輪廻をめぐる永続的な自己存在に対する否定とは見られない。つまり、過去や未来という時間的な範疇を無我という教えの対象から除外し、あくまで生きている現在に絞って、執着やとらわれの対象となっている実体的な自己の否定を説くことで、苦悩からの解放を提唱しているのである。このように、二通りの無我の用法とも現在という時間の枠組みの中で説かれた教えである。

それでは、無我にも関連する「輪廻」に関してもこの視点から考えてみよう。『スッタニパータ』第四章・第五章に代表される最古の資料を眺めると、来世とか再生など輪廻を想定させる用語は見出せるものの、すべてがそれらに対して否定的な文脈で説かれている。後代に見られるような輪廻を前提としたり、輪廻を肯定した説示はまったく見られない。仏教の展開とともに次第に輪廻思想という考え方は仏教に導入されてくるわけではあるが、しかし最初期の仏教の時代には輪廻に対する態度や関わり方は決して肯定的ではなく、取り入れようとしている痕跡もない。当時のインドにあって、人々の人生観・世界観の根底にある輪廻思想がこのようにしか説かれていないのは不思議であるが、実は最古の資料の輪廻に対する説示の状況こそが、暗黙のうちに当時の仏教が積極的に態度を表明していた証ではないかとも考えられるのである。それは、裏を返せば、今に生きながら苦悩している人々の現世の在り方に教えの力点を置くことが、仏教の表明であったからだと思われる。つまり、このことは輪廻する過去・現在・未来という時間的推移の中で、「現実、現在」に焦点を絞っていたという根拠となる。しかし、だからといって過去や未来の存在を否定したわけでもないであろう。あくまで、説法の目的が「今、ここで」の実践を強調することにあったからである。

このように見ると、輪廻と無我とが無理なく整合性をもって説かれているのが判る。無我の①の場合は矛盾することはないが、②の場合の「無我」も、仮にその「我」が輪廻の主体である実体的自我という用法と同次元で説かれたものであっても、輪廻のように永続的連鎖の中ではなく、あくまで現実世界という時間的枠組みの中で捉えれば、その場合も無我の提唱と輪廻の世界観との間に矛盾が表出することはない。このように考えれば、最古の資料に見られる無我と輪廻に対する態度も整合性が図られて説かれていたことが判る。

以上、「現世において」や「世間にいながら」の表現について考えてきたが、涅槃も無我も輪廻も共通して「現世」という範疇で説かれていたことが知れる。

このように眺めれば、最初期の仏教の基本的立場を表明していると思われる『スッタニパータ』第五章中の偈（一〇五三偈）は「現世」、「禅定を行うこと」（念）、「苦を生じる執着を滅すること」（涅槃）、「自分のものと執着しないこと」（無我）というキーワードでまとめられよう。それに基づいて内容を判りやすく解釈すれば、「この世において、禅定しながら自己を内省して、無我という在り方によって涅槃の境地にいたることができるのである」となり、この教えが当時の法（ダンマ）と理解されていたと考えられる。結局のところ、この時代の仏教の基本となるのは無我と涅槃であり、それが当時の人々に強く訴えた教えであったことは間違いのないことであろう。ゴータマ・ブッダが唱えた法もこれに最も近いものではなかったかと思われる。

ところで、本書のテーマでもある縁起説を次に取り上げるが、最初期の仏教には縁起説も確立した形では見られず、その他の思想もほとんどが原初的な形で説かれているにすぎない。仏教最古の経典といわれる『スッタニパータ』第四章では当時の他の思想家・宗教家たちの誤った見解を否定することに主眼が置かれ、独自の思想が積極的に表明されてはおらず、また第五章では煩悩の消滅が主題であるが、これをもってしてもはたして他に比して独自の思想が確立されていたといえるのかは疑問である。このような状況を眺めると、仏教のさまざまな思想は時間の経過とともに、他の宗教教団との比較の中で、次第に固有性や優越性を主張するために、その独自な思想が構築されていったと理解すべきであろう。

第四章

根本思想としての縁起説

それでは次に、仏教の根本思想といわれる縁起思想は、無常、無我、涅槃などと同様に最初期の仏教でも説かれていたであろうが、具体的にはどのように説かれていたのであろうか。また、ゴータマ・ブッダが説いた縁起思想とはいったいどのようなものであったのか、そうした点を中心にこれより詳しく眺めてみよう。

1 ゴータマ・ブッダの悟りと縁起説の伝承

初期経典や仏伝などには、三五歳の時、禅定と苦行の六年間もの長い修行を終えて後、たった一人で禅定に入ったゴータマ・ブッダがついに悟りを得た時、この世界の有り様を正しく認識して、それが縁起であることに気づいた、と伝えられている。多くの仏典にその時の様子が詳しく描かれているが、まずはその状況を代表的な資料である『クッダカニカーヤ』（小部経典）の『ウダーナ』と『パーリ律』（ヴィナヤ）の「マハーヴァッガ」から眺めてみよう。

まず、『ウダーナ』には次のように説かれる。

私は、次のように聞いた。ある時、世尊はウルヴェーラーのネーランジャラー河のほとりにある菩提樹の根元で悟りを開かれたばかりのところであった。さてその時、世尊は七日間結加趺坐《けっかふざ》して解脱の楽しみに身を置いていた。そして、その七日が過ぎて、世尊はその三昧《さんまい》から出られ、宵（初夜）のころに、縁起を順に従って正しく思いめぐらした。「これがあればかれあり、これが生じる故にかれ生じる」。すなわち、「無明《むみょう》（生存のよりどころとなる根源的執着）によって行《ぎょう》（行為）が、行によって識《しき》（識別作用）が、識によって名色《みょうしき》（認識の対象）が、名色によって六処《ろくしょ》（感覚や知覚能力）が、六処によって触《そく》（接触）が、触によって受《じゅ》（感受作用）が、受によって愛《あい》（妄執）が、愛によって取《しゅ》（執着）が、取によって有《う》（生存）が、有によって生《しょう》（生まれ）が、生によって老い・死・憂い・悲しみ・苦しみ・悩み・失望が生じる」と。この苦しみの集まりの原因は、このようなものである。

そして、世尊はこの意味を知って、その時にこのウダーナ（感動をもって唱えた偈）を唱えた。

実に熱心に禅定している真のバラモンにとって法が明らかになる時、彼の疑いはすべてなくなる。法には原因があることをよく知っているからである。（『ウダーナ』一－一）

ここには、世尊が悟りを体得して間もないころに、その解脱の境地に自ら法楽を感受し、その後しばらくして、苦の究極的な原因が無明にあることに行きつき、そこから苦が生じる原因が順々に心に浮かび、ついには老・死などの苦が生じることを明らかにした、と伝えている。つまり、法には原因のあることを知って、その原因を突き止め、縁起の定型句ともいえる「これがあればかれあり、これが生じる故にかれ生じる」という論理に沿った、十二支による縁起の法を悟りによって思いめぐらしたとある。

次に、『パーリ律』の「マハーヴァッガ」に描かれるブッダが悟った時の情景を眺めてみよう。

その時、仏・世尊はウルヴェーラーのネーランジャラー河のほとりにある菩提樹の根元で悟りを開かれたばかりのところであった。そして、世尊は菩提樹の根元で七日間結加趺坐して解脱の楽しみに身を置いていた。そして、世尊は宵のころに、縁起を順と逆に思いめぐらした。「無明によって行が、行によって識が、識によって名色が、名色によって六処が、六処によって触が、触によって受が、受によって愛が、愛によって取が、取によって有が、有によって生が、生によって老い・死・憂い・悲しみ・苦しみ・悩み・失望が生じる」。このすべての苦しみの集まりの原因は、このようなものである。他方、「無明が残りなく滅する故に行が滅し、行が滅する故に識が滅し、識が滅する故に名色が滅し、名色が滅する故に六処が滅し、六処が滅する故に触が滅し、触が滅する故に受が滅し、受が滅する故に愛が滅し、愛が滅する故に取が滅し、取が滅する故に有が滅し、有が滅する故に生が滅し、生が滅する故に老い・死・憂い・悲しみ・苦しみ・悩み・失望が滅する」。このすべての苦しみの集まりの消滅は、このようなものである。

そして、世尊はこの意味を知って、その時にこのウダーナを唱えた。

実に熱心に禅定している真のバラモンにとって法が明らかになる時、彼の疑いはすべてなくなる。法には原因があることをよく知っているからである。

そして、世尊は夜中（中夜）のころに、縁起を順と逆に思いめぐらした。「無明によって行が、行によって識が、識によって名色が、……」。このすべての苦しみの集まりの原因は、このようなものである。……消滅は、このようなものである。

そして、世尊はこの意味を知って、その時にこのウダーナを唱えた。

実に熱心に禅定している真のバラモンにとって法が明らかになる時、彼の疑いはすべてなくなる。縁の消滅を知ったからである。

そして、世尊は夜明け（後夜）のころに、縁起を順と逆に思いめぐらした。「無明によって行が、行によって識が、……」。このすべての苦しみの集まりの原因は、このようなものである。……消滅は、このようなものである。

そして、世尊はこの意味を知って、その時にこのウダーナを唱えた。

実に熱心に禅定している真のバラモンにとって法が明らかになる時、彼は悪魔の軍を壊滅しつつ立つ。あたかも太陽が虚空を照らすように、と。

（「マハーヴァッガ」一―一）

この内容は、大筋で『ウダーナ』と同様であるが、縁起の観察が順と逆、つまり苦の生じる経緯を無明から順次に観察することと、その逆に苦が滅する経緯を観察する方法とで説かれ、その観察も夜に三回にわたってなされている点に伝承の違いは見られる。その相違は別にしても、ゴータマ・ブッダが悟りを得た時に、縁起、それも十二支縁起の法を観察したという点では共通している。実はこうした伝承によって、ゴータマ・ブッダが悟った時に縁起の法を体得し、その縁起も十二支縁起であったということを歴史上の事実として理解されるようになった。そして、十二支縁起説こそが彼の根本の教えとされ、縁起説が仏教の根本思想として定着することになったのも、そうした理由によるのである。

2　十二支縁起の各支の意味

では、ここで縁起の十二支それぞれがどのような意味であるのかを初期経典から見ておこう。十二支縁起を説いている「分別」や「縁」などの経典（『サムユッタニカーヤ』（相応部経典）一二―二、一二七など）に各支の内容が説明されているので、それを参照してみよう。

「老・死」とは「それぞれの生きものの部類における、それぞれの生きものの老い・衰え・歯の壊れ・白髪・皺のある皮膚・寿命の減退・諸根の老熟、これを老いというのである。それぞれの生きものの部類における、それぞれの生きものの死没・破壊・消滅・死・命終・身体の破壊・遺骸の放棄、これを死というのである」とされ、「生」は「それぞれの生きものの部類における、それぞれの生きものの出生・出産・入胎・転生・集まりの出現・処の獲得」であり、「有」は「三有であり、欲の世界での有・色の世界での有・無色の世界での有」であり、「取」は「四取であり、欲に対する取・見に対する取・戒禁に対する取・我語に対する取」で、「愛」は「六愛身であり、色に対する愛・声に対する愛・香に対する愛・味に対する愛・触に対する愛・法に対する愛」で、「受」は「六受身であり、眼に触れることで生じる受・耳に触れることで生じる受・鼻に触れることで生じる受・舌に触れることで生じる受・身体に触れることで生じる受・意に触れることで生じる受」であり、「触」は「六受身であり、眼による触・耳による触・鼻による触・舌による触・身による触・意による触」で、「六処」は「眼の処・耳の処・鼻の処・舌の処・身の処・意の処」で、「名色」は「受・想・思・触・作意を名といい、四大種と四大種より造られたものを色という」のであり、「識」は「六識身であり、眼識・耳識・鼻識・舌識・身識・意識」で、「行」は「三行であり、身による行・口による行・心による行」で、「無明」は「苦に対する無知、苦の原因に対する無知、苦の滅に対する無知、苦の滅にいたる道に対する無知」であると説かれている。

これらを簡単に説明すると、「老・死」とはまさに現実世界に存在する生きものの身体の衰えと消滅を意味しており、生とはこの世に出現することで、「有」とは生きものの生存の在り方のことであるが、これには欲望の世界での生存と物質世界での生存と物質を超えた精神的世界での生存という三有があり、これは後に三界として定着する用語でもある。「取」は執着を意味し、その対象として欲望の認識対象、誤った悪い見解、誤った戒、我は存在するという論の四種があるとし、「愛」は物・声・香など認識対象に対する渇愛のことをい い、「受」はその対象を捉える眼・耳など六種の感受作用のことをいう。「触」は接触のことであるが、感覚が対象などと触れることで認識が成立するということである。「六処」は六入とも訳され、対象を認識する眼・耳など五種の感覚器官と心のことで、「名色」は感受作用や表象作用などの精神的要素を指す「名」と、地・水・火・風という四大種およびそれらによって造られた物質的要素を指す「色」の二つの要素を合わせもった意味である。「識」は眼・耳など六種の、対象を識別する作用のことで、「行」は身体による行為、言語による行為、心による行為の三種をいい、「無明」は苦と苦の原因と苦の滅尽と苦の滅尽への道に対する無知、つまり四諦に対する無知のことをいうのである。

3　ゴータマ・ブッダの悟りと縁起説——諸説を眺めて

「ゴータマ・ブッダの悟りは縁起であったのか」というテーマは、大きな問題だけに今までにさまざまな見解が出されてはいるが、未だ総意を得るにいたっていないのが現状である。

この問題を論じる前に、ここで少し諸見解の論旨を眺めておこう。そこには異なった多くの見解が見られるが、このことはいかに縁起説が大きな意義をもった思想であるかということ、また立場によってさまざまな見解を許容する余地を残したテーマであるということを物語っている。

縁起説成立の過程に関する見解は、十二支縁起説から他の各支縁起説へと展開したとする立場と、三支などの縁起説から最後に十二支縁起説へ展開したとする立場とに大きく二分できるであろう。前者は、相当古い段階において、場合によってはゴータマ・ブッダが十二支縁起を説いた、あるいは悟ったとする立場であり、後者の場合は後に次第に構築されていったと考えるものである。もう少し詳しく諸説を紹介しつつまとめてみよう。

ゴータマ・ブッダの悟りの内容は縁起であるとする立場にも、十二支縁起がゴータマ・ブッダの悟りの内容で、それ以外の各支縁起は簡略化したものであるとか、十支縁起がゴータマ・ブッダの悟りの内容で、十二支縁起は悟り以後に説かれたものとする見解などが見られる。前者の一例を挙げれば、ゴータマ・ブッダが菩提樹の下で静観して十二支縁起を順逆に観察して証悟を得られたのは、疑いもなく後に十二支縁起という型にまとめられるに至ったような縁起の理法であると考え、縁起説は別系も含めて十二支縁起説以外にはないとする。後者の説によれば、ゴータマ・ブッダの自覚内容、あるいは教説として縁起を考える場合、十二支縁起説か十支縁起説のどちらがふさわしいかといえば、それは十支縁起説のほうが適切であるとする。なぜなら、無明・行とは成道時には内含的に予想されていたのであり、成道の後に機会を得た時に実際に加えられて、ついに十二支の形になったものであるから、とする見解である。

また、ゴータマ・ブッダの悟りを縁起とする点では同じであるが、各支縁起はゴータマ・ブッダの悟り以後の彼の生涯で展開したものと解釈されるべきという立場がある。縁起説が簡単なものから複雑なものへと展開するのも、ゴータマ・ブッダの思想の展開を示すものであるとする。つまり、成道した時に得た縁起説をさまざまに説く過程で、次第に内含的に予想されていたものを支分として立て、晩年になって教条が固まり、ついに十二支縁起に確定した。したがって、最初から十二支であったり、後に無明・行が付加されたとするのは間違いである。縁起説の中心は、識と名色の関係であり、これを基礎として有まで進むところにあったけれども、これを十支や十二支と数目的に確定するのがゴータマ・ブッダの最初の考案ではなかった。要するに、成道はブッダの中で繰り返し考察され種々に表現され、それが種々の縁起説の型を生み、ゴータマ・ブッダの思想として展開していったと考えるのが自然である、とする見解である。

この立場に対して、各支縁起は次第に十二支縁起へと展開していったとする立場がある。これらにも微妙な違いが見られる。伝えられるように、もし十二支縁起が成道における観念の経過を示し、成道の時にすでに定まっていたものとすれば、それよりのちにこれと異なる種々なる型が説かれるはずがないという矛盾点を指摘して、十二支縁起説は後の所産と考えるべきであり、したがって十二支縁起説はゴータマ・ブッダの悟りの内容ではないとする見解がある。

　また、縁起説は一つ一つの縁起系列がそれぞれ独特な仕方において体系化への方向性を示しつつ、その全体が一つに向けて発展的に形成されているという立場で研究されるべきであるとし、具体的には根（感覚器官）・境（対象）・識（認識主体）の三者の接触を起点とする縁起説から十二支縁起説への発展を考察する。それは、五支縁起説、九支縁起説、十支縁起説へと展開し、十二支縁起説が成立したことで、縁起系列の追求が一応終息している、と展開を具体的に論じる。

　その他にも、縁起説はかなり遅れて成立したもので、特に十二支縁起説はもっとも遅れて成立したものであるとか、十二支縁起説やそれ以外の諸説は、いずれも散文部分にのみ見られ、その諸説の中でも十二支縁起説は遅れて成立した、とする見解がある。こうした立場に通底しているのは、文献の成立の新旧に基づいて縁起説の展開を論じたものであるいうことである。

　次に、文献の成立の新旧によって縁起説の展開を考察してはいるが、ゴータマ・ブッダの悟りが縁起説であるとした上で、それがどのような縁起説かについては保留している立場がある。一つ一つの縁起系列は、それぞれ独特な仕方において体系化を示しつつ一つの発展的な全体を形成しており、それぞれの異説に対してもその特異性において理解すべきである。

そこには、仏説と称されるものがさまざまな型において存在しているが、これらをブッダが実際に説いたと直ちに同視することはできないし、また縁起説の発展も、ゴータマ・ブッダ一代の間に自身の思想の発展としてありえたかもしれないが、そのように解すべき証拠はない。初期経典はゴータマ・ブッダの成道を完成として取り扱い、成道後の展開などと決して認めてはいない。成道の時に悟ったことを縁起と呼ばず、三明と呼んでいる伝説さえも並存する。ゴータマ・ブッダの思想に関する種々の伝承を見ても、ゴータマ・ブッダの思想が種々に変化したというただ一つの伝承をも見出すことはできない。したがって、ゴータマ・ブッダの思想の展開というような憶測を捨てて、ただ単純に資料自身が縁起説の発展を示しているとと認めるにとどめなくてはならない、とする立場である。

また、他の見解も見られる。経典で最も古いといわれる『スッタニパータ』の中でも成立が特に古い第四章・第五章によれば、限りなくゴータマ・ブッダに近づけるが、しかしそれもアショーカ王の少し前ぐらいまで遡れるにすぎない。現代の文献学では、ゴータマ・ブッダ自身の思想をそのまま伝える資料は皆無といわざるをえない。したがって、文献学者が仏教文献学者であり、仏教思想家であるためには、資料を確実に読んで理解するだけでは足らず、それを追体験し、それを通して見えざるゴータマ・ブッダの心を共感しなければならない。文献の文章の意味を理解することと、その文章の指向する目的を悟ることとは同じでない。肝心なのは後者であると指摘する。

これらの立場に通底しているのは、文献学的方法によって縁起説の展開を考察すべきであるが、ゴータマ・ブッダと縁起説の関わりに関しては、一方では文献資料の限界を認識し、それに基づいた臆測を捨て、もう一方では追体験を通して心に共感する必要があるとして、その具体的な見解を保留している点にある。

最後に、ゴータマ・ブッダの悟りの内容は縁起ではないとする立場がある。それによると、十二支縁起説というのは、さまざまな各支縁起が次第に整備されていったもので、それをゴータマ・ブッダの成道に位置づけることは経典編纂者のなしたことであり、歴史的事実としてありえない。成道の内容が十二支縁起説であるとする主張は、資料の批判的扱いをまったく無視したもので、そのような方法での説明は説得力をもたない。だから、初期仏教思想の基本的立場を十二支縁起説や縁起説とする立場に賛同しない立場である。また、縁起説は元々極めて普遍的・一般的な因果関係にほかならず、インドでも古くからこの原理が用いられており、したがってここには初期仏教の独創性はない、とする主張である。

ちなみに、この主張とは異なった意味で、悟りの内容は縁起ではないという見解もある。それは縁起説というものが本来的に悟りの内容ではなかったとするものである。悟りには三面あって、涅槃寂静とか常・楽・我・浄などこそが悟りの内容・心境というべきものであり、縁起説とは悟りの性格・意義もしくは徳用を明らかにしようとしたものに他ならない。ゴータマ・ブッダは悟りを開かれた後に内観し反省され、弟子たちにも教え、それによって縁起説が結局悟りの内容と置き換えられることになった、とする見解である。

以上、ゴータマ・ブッダと縁起説とに関する諸説を概観した。このテーマのほかにも、たとえば何が縁起しているのか、法なのか、有情なのか、という重要な議論も見られるが、ここでは扱わないこととする。

諸説を眺めてきたが、ゴータマ・ブッダの悟りと縁起説の成立に関する論点はおおよそ言い尽くされているようにも思える。しかし、ゴータマ・ブッダの内観した真理は、本当に縁起であったのか、そうであるならそれは十二支縁起説であったのか否か、などを通して検証すべき残された課題もあろう。それでは、種々の縁起説の展開を眺めながら、それらの点についてて考えてみよう。

第五章

各支縁起説の展開

これより、縁起説がどのように説かれているのかを、文献の新古を考慮に入れながら具体的に眺め、縁起説の展開を考えてみよう。

1 『スッタニパータ』「争闘」——縁起説の萌芽

仏教経典の中でも最古といわれる『スッタニパータ』第四章「アッタカヴァッガ」の中に、テーマは争いや論争、慢心などの原因について説いた内容ではあるが、その原因を探る過程に縁起の論理を思わせる「争闘」(第一一経)という経典がある。まずは、その内容を読んでみよう。

どのようにして争闘や論争が起こってきたのですか。悲しみや憂い、ねたみあい、慢心と傲慢、そして中傷、これらはどのようにして起こってきたのですか。どうか、そのことを教えてください。(八六二)

愛し好むことによって、争闘や論争、悲しみと憂い、ねたみあい、慢心と傲慢、そして中傷が起こる。争闘や論争はねたみあいに結びついたものであり、論争が生じれば、中傷が起こる。(八六三)

愛し好むことがこの世にはびこっているが、それは何に基づいて起こるのですか。また貪りがこの世にはびこったりするのは何に基づいて起こるのですか。また、人が来世に

関していだく希望とその目的とは、何に基づいて起こるのですか。（八六四）

愛し好むことがこの世にはびこったり、あるいは貪りがこの世にはびこったりすることは、欲望に基づいて起こる。また、人が来世に関していだく希望と目的も、それに基づいて起こる。（八六五）

それでは、この世で欲望は何に基づいて起こるのですか。判断はどのようにして起こるのですか。怒りや虚言や疑惑はどのように起こるのですか。また、沙門が説かれた事柄は、どのようにして起こるのですか。（八六六）

世の中で快いとか不快とかいわれるものがあるが、そのことによって、欲望が起こる。さまざまな物質的存在が滅したり生じたりするたびに、世の人々は〔それにとらわれ〕判断する。（八六七）

怒りや虚言や疑惑、これらも〔快いことと不快との〕二つが存在する時に起こる。疑惑のある人は智慧の道に学ぶべきである。この智慧の道を知って、沙門はこの事柄を説かれたのである。（八六八）

快いことと不快とは何に基づいて起こるのですか。それでは、何が存在しなければ、これらは起こらなくなるのですか。そして、滅したり生じたりということの理は、何に基づいているのかを、私に教えてください。（八六九）

快いことと不快とは、触《そく》（接触）に基づく。触が存在しなければ、これらも起こらない。

滅したり生じたりというこのことわりは、それに基づいていると、私はあなたに説く。（八七〇）

世の中で触は何に基づいて起こるのですか。また、所有はどのようにして起こるのですか。何が存在しなければ、我がものというとらわれが存在しなくなるのですか。何が滅すれば、触はなくなるのですか。（八七一）

名色（認識の対象である精神的・物質的存在）によって触が起こる。さまざまな所有は欲求に基づいて起こる。欲求がなければ、我がものというとらわれも存在しない。物質的存在が滅したならば、触はない。（八七二）

修行している者には、物質的存在はどのように滅するのですか。楽や苦も、どのように滅するのですか。どのように滅するのかを、私に教えてください。そのことを知るべきであるということが私の心に起こってきたのです。（八七三）

この現実生活をそのまま想うのでもなく、誤って想うのでもなく、想わないのでもなく、想いを失ったのでもない。このよう〔な状態を得た時〕に、修行している者の物質的存在は滅するのである。誤った分別で対象を捉え言語に表現することは、〔そうした〕想いに基づくからである。（八七四）

ここには、争闘や論争、ねたみあい、慢心などが起こったりなくなったりすることについて、「それは何に基づいて起こる（滅する）のですか」といった論理でそれらの生起《しょうき》や消滅の原因が説かれている。この内容の要点をまとめると、次のようになろう。「争闘や論争、悲しみと憂い、ねたみあい、慢心と傲慢、中傷」は「愛し好むこと」によって起こり、「愛し好むこと」は「欲望」によって、「欲望」は「快いことと不快」によって、「快いことと不快」は「触」によって、「触」は「名色」によって起こる、と説かれる。そして、これ以外にも「貪り」や「来世に関していだく希望と目的」は「欲望」によって、「怒りと虚言と疑惑」は「快いことと不快」によって起こり、「滅したり生じたりというこのことわり」も「触」に基づき、また「所有」は「欲求」によって起こり、「誤った分別で対象を捉え言語に表現すること」は「想い」による、とも説かれる。他方、「何が存在しなければ、これらは起こらなくなるのですか」という消滅の論理については、「この現実生活をそのまま想うのでもなく、誤って想うのでもなく、想わないのでもなく、想いを失ったのでもない状態」を体得すれば「物質的存在」がなく、「物質的存在」がなければ「触」がなく、「触」がなくなれば「快いことと不快」が起こらない、と説かれる。

この生起と消滅の二つの論理を端的に示したのが「快いことと不快とは、触に基づく。触が存在しなければ、これらも起こらない」（八七〇偈）という文節であり、これを定型化すると「AによってBが起こる。AがなければBがない」となる。これはのちにいう苦の生起と消滅に関する縁起の基本的な論理を見事に表現したものといえる。

この「争闘」の内容は、苦の原因を探ることを主題としていないが、この論理内容を見れば、縁起説の成立を考える上で重要な資料といえる。この経典が最古層に属することを考えれば、これは縁起説の萌芽とも位置づけることのできる内容である。

では、なぜこの経典のテーマが苦しみではなく、争闘や論争などであったのかについて、少し触れておこう。最古層に属する経典ならではの理由がそこにはあったのである。

「争闘」が収められている「アッタカヴァッガ」は、仏教の興起時代、百家争鳴ともいえる宗教家・思想家間での論争の中で、それぞれが自説の正当性や優越性を主張し合っていた時代を反映した資料といわれている。それだけに、争闘、論争、ねたみあい、中傷などがテーマとなっていることは、ある意味、至極当然といえる。当時の対抗する宗教・思想の存在を強く意識し、彼らの宗教・思想を誤った見解として排斥し、一方で仏教の正しい見解を明らかにすることは、いつの時代であっても正当性を主張する常套手段ではあるが、この「アッタカヴァッガ」のように終始一貫して他の批判に重点を置いた説示方法は他の経典には見られない。まさに、仏教が興起した時代は混沌とした状況の中で、他と共存し、対抗し合いながらも、いかに仏教の正当性、優位性を訴え、仏教教団の勢力を拡大するかが最重要課題であった。

こうした状況下では「争闘」という主題で説かれることはごく自然であるが、その中に縁起を思わせる論理が説かれていることは無視できるものではなく、それが縁起説の萌芽とも、源流ともいいうる資料である点をここでもう一度確認しておこう。

2 『スッタニパータ』「二種の観察」——縁起説の源流

それに遅れて成立したといわれる『スッタニパータ』第三章中に「二種の観察」（第一二経）という経典がある。ここには、苦の生起、苦の消滅のシステムを有する、いわゆる縁起説の源流ともいえる内容が見られる。

この経典は散文と韻文とで構成され、この形式自体は後世の手になるものであろうが、その散文に経典の主題である「二種の観察」が説かれる。我々を悟りに導く真理には、二種の観察の方法のあることが説かれている。すなわち、「これは苦である。これは苦の原因である」という第一の観察方法と、「これは苦の消滅である。これは苦の消滅にいたる道である」という第二の観察方法のことで、これらを正しく実践すれば、二つの果報——現世において悟りを得るのか、あるいはまだ煩悩の残りがある場合は二度とこの迷いの生存に戻ってこない（不還《ふげん》）か——のうちのいずれか一つの果報が得られると説かれる。苦の生起と消滅の原因について具体的に項目を挙げ、それぞれに生起と消滅の観察を行うことが説かれているが、それらの項目だけを見ると、十二支縁起の支分と同じものが多く見られる。しかし、ここでは十二支縁起説のように各支が相互に関連づけて説かれてはいない。つまり、すべてが苦を起点とした生起と消滅の説示に終始しているのであって、のちになって説かれるような苦の生起と消滅の原因を示す各支の連鎖の関係は、取・有・苦の関係を説く一部（七四二偈）を除いて見られないということである。ただ、連鎖の関係を示す記述は見られないものの、偈の順序に従えば、それに似た関係が浮かび上がってくるのも事実である。これらの点に留意しながら、この経典（韻文のみで、それも縁起に関する偈のみ）を眺めてみよう。

世の中には種々の苦しみがあるが、それらは生存のよりどころ〔となる根源的執着〕（ウパディ）に基づいて起こる。実に無知な者は生存のよりどころ〔となる根源的執着〕をつくり、愚かなことに、繰り返し苦しみを受ける。それゆえに、そのことをよく知って、苦しみの生ずる原因を観察し、生存のよりどころ〔となる根源的執着〕をつくってはならない。（七二八）

この状態から他の状態へと、繰り返し生死の輪廻に赴く人々が行きつくところは、無明（アヴィッジャー）にほかならない。（七二九）

どんな苦しみが生ずるのも、すべて行を縁として起こるのである。行が滅すれば、もはや苦しみの生ずることもない。（七三一）

どんな苦しみが生ずるのも、すべて識を縁として起こるのである。識が滅すれば、もはや苦しみの生ずることもない。（七三四）

「苦しみは識を縁として起こるのである」ということを禍《わざわい》と知って、識を静めるこ

とから、仏教修行者は欲もなく、般涅槃に入るのである。（七三五）

触にとらわれ、生存の流れにおし流され、邪道を歩む人々には、束縛を消滅することなど遠いかなたのことである。（七三六）

しかし、触を熟知して、覚って、心の平穏を楽しむ人々は、実に触を滅しているので、欲もなく、般涅槃に入るのである。（七三七）

楽であろうと、苦であろうと、非苦非楽であろうとも、また内面的なものであろうと外面的なものであろうとも、どんな受もすべて、（七三八）

「これは苦しみである」と知って、滅び去る虚妄の事物に触れるたびごとに、衰え滅びるのを見つつ、そのようにして取を離れる。受を滅することによって、仏教修行者は欲もなく、般涅槃に入るのである。（七三九）

「愛は苦しみの起こるもとである」ということを禍と知って、愛を離れて、取り込むこともなく、よく気をつけて、仏教修行者は遊行すべきである。（七四一）

取を縁として有が起こる。生存した者は苦しみを受ける。生まれた者には死がある。これが苦しみの起こるもとである。（七四二）

それゆえに、賢者は取を滅することによって、正しく物事を知り、生まれの滅したことを熟知して、再び迷いの生存に赴くことはない。（七四三）

どんな苦しみが起こる場合も、すべて企てを縁として起こる。企てが滅すれば、苦しみの生起もない。

どんな苦しみが起こる場合も、すべて食することを縁として起こる。食することが滅すれば、苦しみの生起もない。（七四四）

どんな苦しみが起こる場合も、すべて動揺を縁として起こる。動揺が滅するならば、苦しみの生起もない。（七四七）

（七五〇）

ここでは煩雑になることを避けて、縁起に関する要点のみをまとめておこう。この経にいう第一の観察方法、つまり苦の原因を説いた偈の内容を図式化すると次のようになる（↓印は「〜に基づき…が起こる」、＝印は「〜である」を表す）。

生存のよりどころ〔となる根源的執着〕＝無明↓苦、行↓苦、識↓苦、触↓束縛、受＝苦、愛↓苦、取↓有↓苦、生↓死苦、企て↓苦、食すること↓苦、動揺↓苦

ここでは、「取↓有↓苦」を除いて、苦の原因が三つ以上の支分間で相互に連鎖しておらず、一つの支分と苦の関係のみが説かれるにすぎないが、偈の順序を考慮に入れると、後に説かれる十二支縁起の連鎖性は想定できる。つまり、苦が起こる原因を、無明↓行↓識別作用↓触↓受↓愛↓取↓有↓生↓死↓企て↓食すること↓動揺、と連鎖的に捉えているように

も理解できる。これを十二支縁起説にない「企て」以下の三支を除いて両者を比較すると、識→触の間にある「名色」と「六処」が抜けているだけで、他の十支は一致することになる。この経の成立段階でそうした意図であったかどうかは判らないが、少なくとも後の十二支縁起説が成立する準備はすでにおおよそ整っていたと見てよいであろう。

次に、第二の観察方法、つまり何が滅すれば苦が滅するのかという偈の内容をまとめてみよう（⇩印は「〜がなければ…が滅する」を表す）。

行⇩苦、識⇩苦、取⇩生⇩輪廻（をめぐる苦）、企て⇩苦、食すること⇩苦、動揺⇩苦

その他の表現としては、受を滅すれば般涅槃に入る、触を滅すれば般涅槃に入る、識を静めれば般涅槃に入る、とも説かれる。これらの中で、後の十二支縁起の支分に対応するのは「行」、「識」、「取」にすぎない。第一の観察方法に比べて第二の観察方法の用例は著しく少なく、この経典の段階では苦の生起の原因に関する考察のほうが、苦の消滅の考察よりも進んでいた様子が窺え、このことから縁起説の当初の目的が主に苦の原因を探るところにあったのではないかと推測できる。

以上、韻文経典に説かれる縁起に関する資料を概観したが、いずれも十二支縁起説からは遠く、原初的であった。「争闘」には縁起の論理が明快に説かれるが、未だ苦の生起と消滅

のシステムはそこには見られない。しかし、「二種の観察」になると十二支縁起説が近くに想定できる内容が見られ、中には三支ではあるが、明らかに連鎖的な縁起説の誕生を思わせる「取↓有↓苦」のような資料が現れている。

3 三支縁起説

これより、散文経典に説かれる三支、四支、五支、六支、八支、九支、十支、十二支というような数多くの各支縁起説の中から、ここではその要となる三支縁起説、五支縁起説、十支縁起説、そして十二支縁起説を取り上げて、それぞれの縁起説を眺めてみる。

散文経典の三支縁起説を見る前に、少し韻文経典で説かれた二支と三支の例を見ておこう。最古層の経典の一つ「争闘」の中に「識が滅すれば名色が消滅する」と識と名色の二支による因果関係が説かれている。各支縁起説でいう支分間でのこうした関係の記述では、最も古い例といえるであろう。また、三支はすでに述べた通りに、古層の経典「二種の観察」に「取↓有↓苦」の例があり、三支による連鎖的な縁起説はすでに散文経典以前にもあったものといえる。したがって、こうした連鎖による縁起説の成立は韻文経典の成立時期にその原型ができあがったものと考えられる。この三支は、次に取り上げる「触《そく》」という散文経典の縁起説とも違っており、同じ三支でもいくつもの形式のあったことが窺われる。

まずは、初期経典で唱えられている三支縁起説を「触」（『サムユッタニカーヤ』一二―六六）という経典から、その部分を見てみよう。どんな沙門やバラモンでもこの世において愛したり、快く思う対象が常にあるものとか、楽であるとか、我がものであるなどと認識すれば、愛が増長すると説いて、次のように続ける。

「愛を増長する者は、生存のよりどころ〔となる根源的執着〕（ウパディ）を増長する者である。生存のよりどころ〔となる根源的執着〕を増長する者は、苦を増長する者である。苦を増長する者は、生、老、死、憂い、悲、苦、悩み、失望から解脱せず、苦からも解脱しない」と、私はいう。

そして、その反対に次のように説く。

「愛を捨てる者は、生存のよりどころ〔となる根源的執着〕を捨てる者である。生存のよりどころ〔となる根源的執着〕を捨てる者は、苦を捨てる者である。苦を捨てる者は、生、老、死、憂い、悲、苦、悩み・失望から解脱し、苦からも解脱する」と、私はいう。

ここに説かれているのは、愛によって生存のよりどころ〔となる根源的執着〕が生じ、生存のよりどころ〔となる根源的執着〕によって生、老、死、憂い、悲、苦、悩み、失望という苦が生じ、それによって苦から解脱できない、という内容である。消滅についても同様であり、既述の通りにこれを簡略化すると、〈愛→生存のよりどころ〔となる根源的執着〕→生・老・死・憂い・悲・苦・悩み・失望〉となる。

この三支説には、苦の内容が具体的に「生、老、死、憂い、悲、苦、悩み・失望」と示されているが、ここには少し注意を要する点がある。それは、この「苦」に「生」も含まれているということである。つまり、後の縁起説では「生」は苦から除外されて苦の原因となる支分として数えられるようになるが、この三支説では未だ苦の規定から「生」が分けられていないのである。とすると、次に述べる五支などの各支縁起説が展開する過程で、「生」がこの「苦」から分離したことになり、この点が各支縁起説が展開する一つの転換点であったということがいえよう。

ところで、苦は一般的に生、老、死やそれに病を加えて四苦として知られており、三支での苦の内容は、その意味では当然のようでもある。しかし、韻文経典などには、苦はさほど具体的に説かれておらず、たとえば、「老いた人を見て、苦しんでいる人、病にかかっている人、寿命が尽きて死んだ人を見て、……私は出家した」(『テーラガーター』七三偈)というように老・病・死を人生の代表的な苦とみる表現や、「無知な凡夫がとらわれている老いと死とを、賢者は苦であると知った時に、……」（同五一八偈）のように老・死を苦と明記する例や、その他にも苦の表現として「生まれ死ぬ」、「生まれ老いる」などの生・死、老・死の例が見られるにすぎず、苦の内容がこの段階では一定していなかったようである。

4　五支縁起説

次に、初期経典に説かれている五支縁起説を「結縛《けつばく》」（『サムユッタニカーヤ』一二―五三）から見てみよう。

〔私は、次のように聞いた。ある時、世尊は〕サーヴァッティー〔のジェータ林にあるアナータピンディカの園〕におられた。〔そして、世尊は次のように説かれた。〕「比丘たちよ、結縛の法に対して味観（感覚的な喜びを観察すること）に住する者には、愛は増長する。愛によって取が、取によって有が、有によって生が、生によって老い・死・憂い・悲しみ・苦しみ・悩み・失望が生じる。この苦しみの集まりの原因は、このようなものである。

比丘たちよ、たとえば、油によってと燈心によって燈火が燃えるようになるが、その時、ある人が時々油を注ぎ、燈心を補充するとしよう。比丘たちよ、このようにして、その燈火は、それを燃料として、それを材料とする時、長時間にわたり燃えることができる。

比丘たちよ、このようにして、結縛の法に対して味観に住する者には、愛は増長する。愛によって取が、……。この苦しみの集まりの原因は、このようなものである。

比丘たちよ、結縛の法に対して患観（わずらいを観察すること）に住する者には、愛は滅する。愛が滅することによって取が滅し……。この苦しみの集まりの滅は、このようなものである。

比丘たちよ、たとえば、油によってと燈心によって燈火が燃えるようになるが、その時、ある人が必要な時に油を注がず、燈心を補充しないとしよう。比丘たちよ、このようにして、その燈火は、前の燃料がなくなることから、そして他から供給するものがなかったり、材料がなくなって、消えてしまうでしょう。

比丘たちよ、このようにして、結縛の法に対して患観に住する者には、愛は滅する。愛が滅することによって取が滅し、……。この苦しみの集まりの滅は、このようなものである」と。


この五支縁起説には、愛によって取が、取によって有が、有によって生が、生によって老い・死・憂い・悲しみ・苦しみ・悩み・失望が生じる、と説かれ、その逆の消滅についても同様である。これを判りやすく簡略化すると、〈愛↓取↓有↓生↓老・死・憂い・悲しみ・苦しみ・悩み・失望〉となる。三支縁起説と比較すると、「生」の分離は指摘した通りであり、「取」も「生存のよりどころ〔となる根源的執着〕」と同じと理解されるものであろうから、新たに「有」(生存)が「生」の原因として設定されていることが判る。

三支縁起説のところでも述べたように、苦のくくりから「生」が分離された展開には大きな意義が認められる。つまり、「生」まれて、さまざまな「苦」を受けるという新たな論理的展開が生じたことであり、それはある面で「苦」を受けることが時間的な拡がりの中で解釈されるようになったことでもある。この時間的な拡がりは、五支縁起が「生」の前提として「有」を設定することで、さらに時間的に拡大した局面、言い換えれば輪廻という範疇で解釈されていくようになったとも考えられるのである。前の「生存」があり、次の生存に「生」まれ、「苦」を受けるといったようにである。このように、三支縁起と比較して五支縁起を考えると、その展開は、縁起説の意味を変える一つの大きな分岐点であったといえよう。

なお、この展開と輪廻思想の導入の問題については、詳しくはのちの「各種縁起説の成立と展開」で論述する。

5　十支縁起説

初期経典で唱えられている十支縁起説を、その代表的な経典の「城邑《じょうおう》」（『サムユッタニカーヤ』一二―六五）から見てみよう。

〈私は、次のように聞いた。ある時、世尊は〉サーヴァッティー〈のジェータ林にある〉アナータピンディカの園〉におられた。〔そして、世尊は次のように説かれた。〕

「比丘たちよ、昔、私が未だ悟りを得ず、悟りをめざしていた時に、次のように考えた。〈この世間はああ実に苦悩に陥っている。生まれては老い衰え、死して滅しては再生する。しかし、この老いと死の苦を出離することを知らない。いつになれば、実際のところ、この老いと死の苦を出離することを知ることができるのであろうか〉と。

比丘たちよ、私は次のように考えた。〈何がある時、老いと死があるのであろうか、何によって老いと死が〔生じるので〕あろうか〉と。

比丘たちよ、正しい思惟《しゆい》〔を起こして〕から、私には智慧によって現前に真理を観察することが生じた。〈生がある時、老いと死がある。生によって老いと死が〔生じるので〕ある〉と。

比丘たちよ、私は次のように考えた。〈何がある時、生があるのであろうか、何によって老いと死が〔生じるので〕あろうか、……有が、……取が、……愛が、……受が、……触が、……六処が、……名色が、……何によって名色が〔生じるので〕あろうか〉と。

比丘たちよ、正しい思惟〔を起こして〕から、私には智慧によって現前に真理を観察することが生じた。〈識がある時、名色がある。識によって名色が〔生じるので〕ある〉と。

比丘たちよ、私は次のように考えた。〈何がある時、識があるのであろうか、何によって識が〔生じるので〕あろうか〉と。

比丘たちよ、正しい思惟〔を起こして〕から、私には智慧によって現前に真理を観察することが生じた。〈名色がある時、識がある。名色によって識が〔生じるので〕ある〉と。

比丘たちよ、私は次のように考えた。〈この識は〔ここで〕引き返すのである。名色からさらに進むことはない。この範囲で、〔生きものは〕生まれては老い衰え、死しては再生する。すなわち、名色によって識が、識によって名色が、名色によって六処が、六処によって触がある、……。この苦しみの集まりの原因は、このようなものである〉と。

比丘たちよ、〈〔これが〕原因である、原因である〉と、以前には聞いたことがなかった法に対して、私には眼が生じ、智が生じ、慧が生じ、明が生じ、光明が生じた。

比丘たちよ、私は次のように考えた。〈何がない時、老いと死がないのであろうか。何が滅することによって、老いと死が滅するのであろうか〉と。

比丘たちよ、正しい思惟〔を起こして〕から、私には智慧によって現前に真理を観察することが生じた。〈生がない時、老いと死がない。生が滅することによって、老いと死が滅する〉と。

比丘たちよ、私は次のように考えた。〈何がない時、生がないのであろうか。有がないのであろうか。……取がないのであろうか。……愛がないのであろうか。……受がないのであろうか。……触がないのであろうか。六処がないのであろうか。……名色がないのであろうか。……何が滅することによって、名色が滅するのであろうか〉と。

比丘たちよ、正しい思惟〔を起こして〕から、私には智慧によって現前に真理を観察することが生じた。〈識がない時、名色がない。識が滅することによって、名色が滅する〉と。

比丘たちよ、私は次のように考えた。〈何がない時、識がないのであろうか。何が滅することによって、識が滅するのであろうか〉と。

比丘たちよ、正しい思惟〔を起こして〕から、私には智慧によって現前に真理を観察することが生じた。〈名色がない時、識がない。名色が滅することによって、識が滅する〉と。

比丘たちよ、私は次のように考えた。〈これが私の悟りに到達する道である。すなわち、名色が滅することによって、識が滅する。識が滅することによって、名色が滅する。名色が滅することによって、六処が滅する。六処が滅することによって、触が滅する。……。この苦しみの集まりの滅は、このようなものである〉と。

比丘たちよ、〈〔これが〕滅である、滅である〉と、以前には聞いたことがなかった法に対して、私には眼が生じ、智が生じ、慧が生じ、明が生じ、光明が生じた。

比丘たちよ、たとえば、〔ある〕人がいて、人里離れた奥深いところを歩きながら、古人のたどった古道・古径《こみち》を見つけるとしよう。〔そして〕その人がその道を従い歩みながら、古城――〔そこは〕古人が住んでいた、園があり、林があり、堤に囲まれたうるわしい蓮池がある古城であるが――を見つけるとしよう。

そして、比丘たちよ、その人は王あるいは王の大臣に告げるとしよう。「尊い方よ、どうぞお聞きください。私は人里離れた奥深いところを歩きながら、古人のたどった古道・古径を見つけました。〔そして〕その道を従い歩みながら、古城――〔そこは〕古人が住んでいた、園があり、林があり、堤に囲まれたうるわしい蓮池がある古城であるが――を見つけました。尊い方よ、その城を造築させてください」と。

そして、比丘たちよ、王あるいは王の大臣がその城を造築させると、その城は将来にわたり富み、繁栄し、多くの人々で満ちあふれ、発展を遂げた。比丘たちよ、このようにして、私は古の正等覚者のたどった古道を見つけた。

比丘たちよ、かの古の正等覚者のたどった古道・古径とは、どのようなことであるのか。これは八つの聖なる道のことである。正見……正定、そのことである。比丘たちよ、これが、かの古の正等覚者のたどった古道・古径である。私は、この道を従い歩み、歩みながら、老いと死を覚知し、老いと死の原因を覚知し、老いと死の滅を覚知し、老いと死の滅する道を覚知した。私は、この道を従い歩み、歩みながら、生を覚知し、……有を覚知し、……愛を覚知し、……受を覚知し、……触を覚知し、……六処を覚知し、……名色を覚知し、……識を覚知した。……私は、この道を従い歩み、歩みながら、行を覚知し、行の原因を覚知し、行の滅を覚知し、行の滅する道を覚知した。

このことを覚知して、私は比丘、比丘尼、優婆塞、優婆夷たちに告げた。比丘たちよ、この梵行は富み、繁栄し、広まり、多くの人々に知られ、またさまざまな生きものまでにも人々によってよく説かれた」と。

この内容から十支縁起とは、「生によって老いと死が〔生じるので〕ある。有によって生が……有が、……取が、……愛が、……受が、……触が、……六処が、……識によって名色が、……何によって名色が〔生じるので〕あろうか。識によって名色が〔生じるので〕ある」と説かれる。これを簡略化して示すと、〈識⇅名色→六処→触→受→愛→取→有→生→

老・死〉のようになる。これは消滅についても同様である。苦の原因が愛で終結していた五支縁起説と比べると、さらに受、触、六処、名色、識の五支が加えられた説となっているが、この五支はいずれも認識作用に関する用語であることに注意しておきたい。要するに、十支縁起は老・死の原因は突き詰めれば識にいたり、その識は名色を原因とするという論理で説かれた縁起説である。ただ、「城邑」という経典名の由来にもなった後半部分の末尾に八正道と四諦の覚知が説かれるが、そこで名色に続いて「行」が説かれ、前半部分の十支縁起とは異なった、十一支とも読める不規則な記述が見られる。また、これに対応する漢訳『雑阿含経《ぞうあごんぎょう》』(第二八七経)では、苦の生起に関しては十支、消滅に関しては十二支と、パーリ伝承とは異なった内容が見られる。

こうした異説の存在とも関連するが、十支縁起説は次に紹介する十二支縁起の前段階の説と位置づけられるものなのか、あるいはそうではなく十支、十二支の相違は縁起説に対する見解や立場の違いによるものなのかといった問題がある。この点を判断する一つの根拠として、たとえば十支縁起説で苦の究極的な原因とされる識がその原因を名色としているのは、これら両者間で論理的な終結を示し、識をもって完結することを表明した説ではないかと考えるならば、十支縁起説は、十二支縁起の前段階的な説ではなく、立場の異なった一つの完成した縁起説であると解することもできる。

6　十二支縁起説

初期経典で唱えられている十二支縁起説を、典型的な経典例である「縁」（『サムユッタニカーヤ』一二―二〇）から眺めてみよう。すでに、ゴータマ・ブッダの悟った時に、内観した縁起説として十二支縁起説を紹介したが、ここでは十二支縁起説自体がテーマとなって詳細に説かれているので、改めて眺めてみる。

〔私は、次のように聞いた。ある時、世尊は〕サーヴァッティー〔のジェータ林にあるアナータピンディカの園〕におられた。〔そして、世尊は次のように説かれた。〕

「比丘たちよ、私はお前たちに縁起（パティッチャサムッパーダ）と縁生（パティッチャサムッパンナ）の法を説こうと思う。それを聞いて、よく考えるとよい。それでは説くことにしよう」。

「大徳よ、わかりました」と、その比丘たちは世尊に答えた。世尊は次のように説かれた。

「比丘たちよ、縁起とは何であろうか。比丘たちよ、生によって老・死がある。如来が出現しようとも、如来が出現せずとも、このことは確立したことである。つまり、法として確立したことであり、法として決定したことであり、〔これが〕これを縁とすることである。そのことを如来は悟られ理解されているのである。悟り理解されてから、説示し、教示し、詳説し、開示し、区分し、明らかにして〈お前たちも、〔これを〕見よ〉という。

比丘たちよ、生によって老・死がある。比丘たちよ、有によって生がある。比丘たちよ、取によって有がある。比丘たちよ、愛によって取がある。比丘たちよ、受によって愛がある。比丘たちよ、触によって受がある。比丘たちよ、六処によって触がある。比丘たちよ、名色によって六処がある。比丘たちよ、識によって名色がある。比丘たちよ、行によって識がある。比丘たちよ、無明によって行がある。如来が出現しようとも、如来が出現せずとも、このことは確立したことである。つまり、法として確立したことであり、法として決定したことであり、〔これが〕これを縁とすることである。そのことを如来は悟られ理解されているのである。悟り理解されてから、説示し、教示し、詳説し、開示し、区分し、明らかにして〈お前たちも、〔これを〕見よ〉という。

比丘たちよ、無明によって行がある、と。比丘たちよ、ここでのこのような状態であること、虚妄でない状態であること、異ならない状態であること、これを縁とする状態であること、比丘たちよ、これを縁起というのである。

比丘たちよ、縁生の法とは何であろうか。比丘たちよ、老・死は無常であり、作られたものであり、縁によって生じたものであり、尽きるものであり、壊れるものであり、貪りを離れるものであり、滅尽するものである。

比丘たちよ、生は無常であり、作られたものであり、縁によって生じたものであり、尽きるものであり、壊れるものであり、貪りを離れるものであり、滅尽するものである。

比丘たちよ、有は無常であり、作られたものであり、縁によって生じたものであり、尽きるものであり、壊れるものであり、貪りを離れるものであり、滅尽するものである。

比丘たちよ、取は……。比丘たちよ、愛は……。比丘たちよ、受は……。比丘たちよ、触は……。比丘たちよ、六処は……。比丘たちよ、名色は……。比丘たちよ、識は……。比丘たちよ、行は……。

比丘たちよ、無明は無常であり、作られたものであり、縁によって生じたものであり、尽きるものであり、壊れるものであり、貪りを離れるものであり、滅尽するものである。比丘たちよ、これらを縁生の法というのである。

比丘たちよ、聖なる弟子には、この縁起と縁生の法は正しい智慧によってあるがままに見られているので、彼は過去のこともまた想起するであろう。〈私は過去世に存在したのであろうか、私は過去世に存在しなかったのであろうか、私は何故に過去世に存在したのであろうか、私はどのように過去世に存在したのであろうか、どのようになってどのように私は過去世に存在したのであろうか〉と。

〔彼は〕未来のこともまた想起するであろう。〈私は来世に存在するのであろうか、私は来世に存在しないのであろうか、私は何故に来世に存在するのであろうか、私はどのように来世に存在するのであろうか、どのようになってどのように私は来世に存在するのであろうか〉と。

〔彼には〕今まさに現世の自己についても疑惑があるであろう。〈私は存在しているのであろうか、私は存在していないのであろうか、私は何故に存在しているのであろうか、私はどのように存在しているのであろうか、この生きものはどこからやって来てどこへ行くのであろうか〉と。〔しかし、〕この道理が知られることはない。

その原因は何であろうか。比丘たちよ、そのように聖なる弟子には、この縁起と縁生の法が正しい智慧によってあるがままに見られている〔からである〕」。

この経典の前半には、「縁起」と「縁生の法」の両面から説示がなされる。「縁起」とは、如来（ブッダ）がこの世に出現しようとも出現せずとも、確立し決定した法のことで、「これを縁とする」という意味で、これはブッダによって内観された存在の法則ともいうべきものである。「縁生の法」とは、たとえば、老・死は無常であり、作られたものであり、縁によって生じたものであり、尽きるものであり、壊れるものであり、貪りを離れるものであり、滅尽するものであるというように、その法則によってすべてのものの存在する理由を説いたものである。十二支縁起説は「縁起」の説明の中で説かれる。その十二支縁起説は、十支縁起説にさらに行と無明が加えられ、苦の原因の究極は無明であると説いたものである。消滅についても同様である。これを簡略化して示すと、〈無明↓行↓識↓名色↓六処↓触↓受↓愛↓取↓有↓生↓老・死〉のようになる。

経典の後半には、「縁起」と「縁生の法」は正しい智慧によってあるがままに見ると、過去、未来、現在の存在の在り方を知ることができると説く。これは、三明のことを指すものと思われ、過去は宿命通《しゅくみょうつう》、未来は天眼通《てんげんつう》と、最後は現在の疑惑を知っていることから漏尽通《ろじんずう》であると思われる。

さて、この十二支縁起説は一般的には多くの縁起説の中で最も完成された形と考えられている。十二支縁起がゴータマ・ブッダの悟った時に観察した真理であると伝承されていること自体が、何よりもそのことを物語っている。

第六章

ゴータマ・ブッダと縁起説

それでは、ここまで見てきた縁起説の成立とその展開について、文献の新旧を考慮に入れながら考えてみよう。そこから、ゴータマ・ブッダが説いた縁起説とはどのようなものであったのかも想定できよう。

1 各種縁起説の成立と展開

最古層の経典『スッタニパータ』の第四章「アッタカヴァッガ」には、争いやねたみ、中傷などが生じる原因について説かれた論理が「Aによって B が起こる。A がなければ B がない」というように縁起そのものであった。しかし、そこには人々を苦しめる苦の原因やその消滅に関する縁起の命題は説かれてはいない。挙げるとすれば、極めて原初的ともいえる「生存のよりどころ〔となる根源的執着〕（ウパディ）によって世の苦しみは起こる」（『スッタニパータ』一〇五〇偈）という例ぐらいである。苦がどうして起こるのか、どうすれば滅することができるのかという基本的な視点は、無我や涅槃から説明される場合が多く、縁起から説かれることはほとんどない。最古層の経典には、縁起という論理は明確に存在したものの、その論理が苦の生起と消滅という基本的なシステムにおいて用いられることはなかった。当然のこと、十二支縁起説で列挙される支分もここではまったく整えられて説かれることもない。

その後に成立したと考えられる古層の経典になると、その事情は一変して、苦の原因やその消滅のシステムを縁起の論理で説くようになる。たとえば、「二種の観察」に「どんな苦しみが生ずるのも、すべて識（識別作用）を縁として起こるのである。識が滅すれば、もはや苦しみの生ずることもない」（『スッタニパータ』七三四偈）のように、苦の生起と消滅が縁起によって説かれている。しかし、このシステムも無明、行、識、受、愛などの支分がそれぞれ単独で説かれ、未だ後に展開する支分間の連鎖的な関係をもつにはいたらなかった。とはいうものの、三支による縁起の連鎖的な関係があった痕跡ともいうべき若干の例が見られる。たとえば、「取→有→苦」という三支による連鎖的な縁起説が「二種の観察」中にも見られ、すでに散文経典の成立以前にその原型ができあがっていたことが窺われる。古層の韻文経典には、苦の生起と消滅が縁起の論理で説かれ、また名色と六処を除いて、十二支縁起説の支分もほとんど説かれるようになったが、支分の連鎖的関係は三支の例が若干見られるのみであった。

散文経典になると、さらに大きく展開することになる。とりわけ、支分間の連鎖による各支縁起説がさまざまに説かれるようになる。

まずは、韻文経典にも若干見られた三支による縁起説を見てみよう。たとえば、「愛」、「生存のよりどころ〔となる根源的執着〕」、「生・老・死・憂い・悲・苦・悩み・失望」の支分によってこれらの生起と消滅が説かれたものである。苦に「生」が含まれている点は、後の縁起説での苦の概念とも異なった説である。つまり、この三支縁起説は老・死の原因として設定されることになる「生」が未だ分けられていない段階のものである。

五支縁起説は、支分が「愛」、「取」、「有」、「生」、「老・死・憂い・悲しみ・苦しみ・悩み・失望」の五つによってできたものである。これは三支縁起説から「生」が分離し、その「生」の原因として新たに「有」(生存)が立てられた説といえる。この展開の底流には一定の見解が見られる。苦は「生まれ」ることで生じ、その「生まれ」は以前の「生存」によって生じるものであるという時間的な拡がりが、このように展開させた要因であろう。三支縁起説は、こうした時間的経過を考慮に入れなければ理解できないものではなく、むしろ今生存に限定して苦の起こりの原因を説いたものと解することができる。その意味で、三支縁起説から五支縁起説への展開は、縁起説の意味を根底から変えるほどの大きなものであったといえる。

この展開について、もう少し考えてみよう。この展開には、時間的な拡がり、つまり現世と来世という範疇が新たに入り込み、そうした中で苦の原因を探ろうとした立場の表明があったと考えられる。三支から五支へのこの展開こそ、各支縁起の解釈の中に輪廻の考え方が初めて導入された例ではないかということである。「苦とは何か」を考える視点ではなく、「どのようにして苦は起こるのか」と連鎖的に考えれば、時間的拡がりによって輪廻を前提とした思想が展開することになったのは当然の帰結である。それに対して、最初期の仏教では「今ある苦からどのようにして脱することができるのか」が主題であり、「今の苦は、この世でどのようにして起こっているのか」や「今の苦は、この世でどのように脱するべきか」と苦の起こりや離脱の仕方を現在の視座から説くことに主眼を置いていたので、必ずしも時間的拡がりの中で説く必要性はなかったと考えられる。

そこで、縁起説に輪廻の考え方が導入された背景を少し眺めてみよう。最古層の経典といわれる『スッタニパータ』第四章、第五章には、輪廻に関する「あの世」、「再生」などの語は用いられてはいるものの、すべてそれを否定する文脈で説かれており、当時の仏教では輪廻に対して肯定的な態度はとっていなかったと考えられる。それは裏を返せば、今に生きている現世に教えの力点が置かれていたからだと思われる。ところが、古層の経典になると、その事情は一変する。輪廻に関する表現は最古層とは比較にならないほど多様化し、両者間には断層といってよいほどの差異が認められる。特に、前世や来世という時間的な拡がりをもつ輪廻という枠組みを肯定した上でさまざまに教えが説かれるようになる。「輪廻」（サンサーラ）という語も一般化し、仏教独自の思想にも輪廻の考え方が組み込まれて定着していく過程が読み取れる。こうした傾向は、比較的成立の遅い韻文資料、たとえば『クッダカニカーヤ』（小部経典）の『テーラガーター』（長老偈経）などにいたっては顕著となる。

このように、仏教の最初期において輪廻思想が導入されていく過程を確認したが、翻ってみて、縁起説の三支から五支への展開にも、この流れと軌を一にする歴史的状況があったことを窺わせる。したがって、五支縁起説は、おそらくこうした背景から成立したものと考えてよいであろう。

十支縁起説は、その支分が「識」、「名色」、「六処」、「触」、「受」、「愛」、「取」、「有」、「生」、「老・死」の一〇種によってなる説である。五支縁起説と比べると、愛の生じる原因としてさらに受、触、六処、名色、識の五支が加えられている。この五支は、愛は感受作用によって生じ、感受作用は対象と感覚器官とが接触することによって、接触は眼・耳・鼻・舌・身・意という六種の感覚や知覚の能力によって、六種の感覚や知覚の能力は認識の対象である精神的・物質的要素によって、認識の対象である精神的・物質的要素は識別作用によって生じる、と説くものであるが、これらはいずれも認識作用に関するものばかりである。十支は、老・死の苦の原因を追求して愛にいたる部分と、その愛の起こる原因として考察した認識作用の部分とで成り立っている。いわば、まったく質を異にした二つの要素が結びつけられてできた縁起説ともいえる。どうして、この五支が加えられたのかは判りかねるが、愛、すなわち渇愛するのはいったい誰であるのか、その主体の在り方を問うことが求められた結果、識までの認識作用が導入されたのではないかと推測される。この縁起説は十二支縁起説の前段階的な説とよくいわれるが、先述したように立場の違った一つの説と捉えることもできるかもしれない。

最後に、十二支縁起説を取り上げるが、その支分は十支縁起説にさらに「行」と「無明」を加えたものである。十二支縁起説は、構成上、愛から老・死までの系統と、無明から受までの系統に分けられるが、十支縁起説を考慮に入れれば、支分の意味から見て、愛から老・死までと、識から受までと、無明、行との三つに区分でき、こうした単位で存在していた縁起説がまとめられたものともいえる。この中でも、十二支縁起説だけに見られ、苦の生じる最終的な原因とされる「無明」は、「愛」という渇愛・執着とは異なった永遠の輪廻を持続せしめる本源的なもの、つまり根源的執着・根源的無知のことであるから、この無明の設定は輪廻を前提としたものと思われる。このように、五支縁起説では「有」と「生」によって輪廻を想定させ、十支縁起説で現時点での認識作用という性格を加え、十二支縁起説で再び輪廻の範疇での縁起説を構築するといった過程をこれらから読むことができる。しかし、第四章の最初で紹介した通りに、「無明」とは、苦と苦の原因と苦の滅尽と苦の滅尽への道に対する無知、つまり四諦に対する無知のこと、と規定されている点から判断すれば、これを時間的な拡がり、つまり輪廻を想定して解釈する必要のないことになる。おそらく、この時代の縁起説には未だ画一的な解釈が定まっておらず、複数の理解が併存していた可能性があったものと思われる。

最後に、十二支縁起説の成立に関連する資料を一つ紹介しておこう。すでに十支縁起説の代表的な経典例として「城邑」(『サムユッタニカーヤ』一二―六五)を取り上げたが、これに対応する漢訳経典の『雑阿含経』(第二八七経)や梵語文献などインドから中国へと伝えられた文献には、苦の生起については老・死から識までの十支によって説かれるのに、その消滅については十二支で説かれるという、変則的な縁起説が見られる。この縁起説は、十支縁起説から十二支縁起説へと展開する過程を示すものと考えられている。

ここまで縁起説の展開を概観してきたが、縁起説が仏教の中核的な思想と位置づけられた要因を考えるためにはいくつもの視点があるが、ここではその一つについて論じておきたい。それは、最初期の仏教において縁起説が必ずしも特別視された思想ではなかったのに、その中核となっていった理由についてである。最古層の経典である『スッタニパータ』第四章の「争闘」には縁起の論理は説かれても、テーマは争いやねたみ・中傷といったもので苦ではなかった。古層の経典である同第三章の「二種の観察」は、苦が生起する原因の考察を行った経典であり、その縁起説も連鎖的ではなかったが、何よりも苦の消滅の考察が未整備でほとんど説かれなかった。つまり、こうした経典の縁起説においては仏教の根本命題ともいうべき苦の消滅の考察がほとんど行われていないということである。他方では、最古層や古層の経典には涅槃や無我が中心的に説かれているが、その理由は言うまでもなく、それらが煩悩の消滅によって苦がなくなる境地をいい、また対象を我がものとしないことによって苦から逃れられるといった、苦の消滅を説いていたからにほかならない。これから判断すると、苦の消滅のプロセスを説き明かすシステムをもたなかったことが、縁起説が重要視されなかった理由なのかもしれない。

しかし、この縁起説が三支縁起説などのような各支縁起として苦の生起と消滅の両面から考察されるようになると、その事情は一変する。苦の原因の考察に加えて、仏教の根本命題の苦の消滅のシステムが縁起説に構築されると、縁起説はそれまで中心となっていた涅槃、無我に取って代わり、思想の中核を担うことになり、ついに仏教思想全体の骨格が確立する中で、仏教の根本思想といえば縁起説であるといわれるようになったのであろう。最初期では、ジャイナ教とも共有した縁起的思考も、ジャイナ教がこれを発展させることがなかったのに対して、仏教ではこうした過程を経て中核の思想として育んでいったのである。したがって、縁起説を仏教の根本思想という場合、その根本の意味はゴータマ・ブッダを源泉として、それを信じ継承した知性と感性にすぐれた弟子たちが構築し完成させた結果として捉えるべきであろう。それによって、縁起説は他の宗教にない独自にして個性のある思想として仏教の根本思想たりえたのである。十二支縁起説はその一つの完成型なのである。

次項で論じるが、涅槃の意味に縁起的な解釈が施されていく例も、こうした過程でなされたものと考えられる。

2　ゴータマ・ブッダと縁起説

こうした論述を通して、ゴータマ・ブッダが説いたとされる縁起説を想定してみよう。十二支縁起説がゴータマ・ブッダの内観した真理だとすれば、なぜ古い韻文経典にはなく、後に成立した散文経典で説かれることになるのであろうか。その真理が十二支縁起説でなく、他の各支縁起説だとしてもその事情は同じである。また、ゴータマ・ブッダがこの世界の成り立ちは縁起であると観察したのであれば、ゴータマ・ブッダに最も近い最古層の経典『スッタニパータ』第四章、第五章に説かれる仏教の真実の教えである「法」の内容に縁起が説かれない理由はどこにあるのであろうか。こうした疑問に答えなければ、経典の伝承通りにゴータマ・ブッダは十二支縁起説か、あるいは他のいずれかの各支縁起説を内観して、それを教えの根本としたとする見解に合理があるとはいえない。とはいうものの、世界のすべての現象を縁起であるという捉え方は最古の経典にも説かれ、それがゴータマ・ブッダの内観した真実であったと理解することには何の障害も見当たらない。縁起という捉え方と各支縁起説とは決して同じではなく、とりわけゴータマ・ブッダの縁起説を考える場合にはそれらを区別する必要があろう。要するに、縁起説が根本思想と周知された結果、ゴータマ・ブッダが悟りにおいて十二支縁起を観察したという伝承が生まれ、そしてまた最初の説法での四諦説・八正道も縁起に基づいたものであるとする伝承などが生まれたと理解すべきなのである。

このように、文献学の立場から見れば、ゴータマ・ブッダを想定するのは直近である最古の経典によるのが当然の方法である。しかし他方で、文献からは直接ゴータマ・ブッダを知り得るということもない。こうした状況において、この問題にどう対応すべきなのであろうか。ゴータマ・ブッダの内観した真理が縁起説であったのかどうかを考察する時、その見方は、文献を越えた力量によるものなのか、あるいは文献に見られる内容から想定するのか、のどちらかであろう。文献を越えた一人一人の力量によって知り得るとしても、また追体験などを通してその世界を知るとしても、修行を重ねた宗教者でもない者には不可能といわざるをえない。それを研究において安易に許容すれば、こうした姿勢は恣意性に堕する危険性もはらんでいる。やはり、文献の検証を通して想定するしか方法はないであろう。それもあらゆる側面から可能な限りの方法を駆使するという条件の上でなければならない。たとえば、最古の文献でどの思想がどのように扱われているのかを精査することによって、当時の仏教がどの点に中心を置いていたのかを、他の思想と比較して相対的に考察するのも一つの方法であろう。そう考えれば、最古の文献には前述したように縁起によってではなく、涅槃、無我によって多くの教えが説かれていた事実は、当初、縁起説がどのように位置づけられていたのかを検証することに資するであろう。

また、ゴータマ・ブッダの悟りを考える時、その内観は決して個別的でも分析的でもなく、世界の存在を全体的にそして直感的に把握したものであるとすれば、たとえ縁起を悟っても、それは各支縁起説のような合理的・論理的なものではなかったといえるであろう。現代の脳科学によるさまざまな知見も、このような解釈を許容するであろう。ある脳科学者が脳卒中で左脳の機能を失い、右脳の機能を発見し、リハビリを経て左脳の機能を回復させた体験談に極めて興味深い話があるので、それを紹介しよう。左脳の機能が失われると、自己と外界、言語による思考などの自己を司る機能に代わって、自己と外界の境界がなくなり、世界が一体化した状態が現れる。自己という自覚がなくなった境地である。これが右脳だけが機能した時の状態であったという。この境地は、平穏な幸福感に満ちあふれていたそうである。そして、リハビリによって再び左脳の機能が回復した時、利己的な自己を再生させることなく自我を回復することができたという。この体験談がゴータマ・ブッダの悟りと直接関係するかは別問題だとしても、悟りの境地がどういうものであるのかという解釈に対して大いに寄与する一つの報告といえる。たとえば、右脳だけが機能した状態を悟りと同様の境地であるとか、無我や涅槃の境地であるとか、また再び左脳の機能が回復した状態は悟りの後の修行完成者の在り方を示唆しているのではないかなど、仏教的な解釈をさまざまに連想させてくれる。いずれにしても、悟りの内容を個別的、分析的に解釈することは適当ではないことに気づかせてくれる。そう考えれば、ゴータマ・ブッダは縁起を内観したとしても、それは分析的な十二支縁起など各支縁起であったとは考えにくい。

3　縁起と涅槃の語義

ここでは、涅槃の語義を取り上げるが、これ自体の語源を論じるのではない。それは、この語義の解釈に変化が見られること、判りやすくいえば、本来は必ずしもそうではなかった語義に縁起的な解釈が施されていく例を見るためである。このように涅槃が縁起として解釈し直されていることは、いったい何を意味しているのであろうか。仏教思想の構築の過程で縁起説がその中核として確立されていく一例を涅槃の語義の点から眺め、それについて考えてみよう。

先に見た五支縁起説を説く経典「結縛」（『サムユッタニカーヤ』一二－五三）に、涅槃の語義と思わせる譬喩が見られる。まずはその部分を眺めてみる。

比丘たちよ、結縛の法に対して味観（感覚的な喜びを観察すること）に住する者には、愛は増長する。愛によって取が、取によって有が、有によって生が、生によって老い・死・憂い・悲しみ・苦しみ・悩み・失望が生じる。この苦しみの集まりの原因は、このようなものである。

比丘たちよ、たとえば、油によってと燈心によって燈火が燃えるようになるが、その時、ある人が時々油を注ぎ、燈心を補充するとしよう。比丘たちよ、このようにして、その燈火は、それを燃料として、それを材料とする時、長時間にわたり燃えることができる。

比丘たちよ、結縛の法に対して患観（わずらいを観察すること）に住する者には、愛は滅する。愛が滅することによって取が滅し……。この苦しみの集まりの滅は、このようなものである。

比丘たちよ、たとえば、油によってと燈心によって燈火が燃えるようになるが、その時、ある人が必要な時に油を注がず、燈心を補充しないとしよう。比丘たちよ、このようにして、その燈火は、前の燃料がなくなることから、そして他から供給するものがなかったり、材料がなくなって、消えてしまうでしょう。

ここには、燈火は燃料と燈心によって燃えるし、また燃料と燈心がなければ燈火は消えてしまうという譬喩でもって縁起が表現されている。こうした燈火の例や薪の例のような火と燃料の因果関係の譬喩は、これ以外にも散文経典、たとえば『サムユッタニカーヤ』一二―五二「取」、『マッジマニカーヤ』第一四〇経「界分別経」などにいくつも見られ、縁起を判りやすく説明するために用いられている。

これら一連の譬喩に「火が消える」という涅槃の語義が示されているが、それもほとんどの場合、縁起の教えを説明するために説かれたものであると一般的にいわれている。この譬喩を用いることで、人々の苦しみもその原因や条件がなくなれば、滅するということを説こうとしたためのもので、ゴータマ・ブッダもこの譬喩を巧みに用いて弟子たちに縁起の理法を説き明かし、究極的な悟りの境地である涅槃に導こうとしたものであるとされる。つまり、「火が消える」という涅槃の語義も、本来的には「燃料がなければ、火が消える」という因果関係を示すために用いられたもので、縁起の理法を説き明かすためのものであったとする。

しかし、燃料などがないことで火が消えるということが、涅槃の本来の意味であったのだろうか、検証してみなければならない。縁起との関連で見られる例がすべて散文であることは、涅槃の語義を考える上で無批判に肯定しうるほど簡単な問題ではないのである。なぜなら、これは思想的に整理された所産であると考えられ、のちの解釈ではないかと思えるからである。一般的により古い文献といわれる韻文文献には、火の消滅が燃料の欠如によるものとする資料が見られないのである。仮に、これらの譬喩を涅槃の語義の根拠とするのならば、こうした例がなぜ韻文文献にないのか、その理由を明らかにする必要があろう。

では、ここで韻文文献において涅槃の語義がどのように説かれているのかを眺めておこう。

……〔身体という〕家の覆いが取れて、火が消えた（ニップトー）。神よそのように望むなら、雨を降らせよ。（『スッタニパータ』一九）

家が燃えていれば水で消す（パリニッバイェー）ように、しっかりと確立し、智慧があり、巧みで、賢明な人は、憂いが生ずれば速やかに振り払う。風が綿を散らすように。（『スッタニパータ』五九一）

……あなたは、無上の清浄を得て、般涅槃するであろう。火が水で消される（パリニッバーヒシ）ように。

（『テーラガーター』四一五）

これらから、涅槃の語義を考える場合、その譬喩は水によって「消える」といった表現で説かれるのがほとんどである。燈火の消える原因が燃料の欠乏によるという燈火と燃料の関係をもって縁起の法を明示する例は、韻文資料には見られないし、またそもそも涅槃と縁起との関わりもまったく記述されていない。

ただ、涅槃の語義とは直接関係はしないが、解脱を得る譬喩的表現として燈心と燈火の例は見られる。

それから、私は針を手にとって燈心を引き下げると、燈火が消えるように心の解脱が生じた。

（『テーリーガーター』一一六）

このように、燈心を引き下げると火が消えるというように、燈心と燈火の関係が説かれている例は見られる。しかし、ここでもこれを縁起の譬喩として説いてはいない。とはいうものの、この例はのちに縁起の譬喩として用いられる前段階的な資料と考えてよいものかもしれない。

このように、韻文資料から判断すると、燈火と燃料との縁起的な関係が前提となって涅槃の語義が考えられたとするのは、決して正しい見方ではない。あくまで、涅槃はそれ自体の語義は、水によって、あるいは水に覆われて「消える」という譬喩で説明されてきた。それが、散文経典になると、縁起を説くことが主たる目的となって、そのための譬喩に代えられたのであろう。おそらくは、このように涅槃の語義に縁起的解釈が見られるようになるのは、縁起説が仏教思想の体系化の過程でその中核となり、縁起をすべての思想と関連させて仏教思想を構築しようとした一つの事例ではなかったかと考えられる。

4 「縁起」の意味

仏教の説いた「縁起」という語の意味とは、どのようなものであったのであろうか。「相依性」や「相関性」という語で言い表される意味であったのか、それとも一方から他方への関係や時間的因果のみを示す関係なのか、その縁起の語の意味を問うてみよう。

一般的に、縁起説といえば、この世界の現象における時間と空間にわたるすべての関係を、また時には現象間の論理的関係すら説くものであるとされ、そのため縁起は「此縁性（これに縁るということ）」とも「相依性」ともいわれ、現象の相互依存の関係を指す。そして、この関係の在り方を正しく観察することが仏教の真理であると考えられている。よく眼にする縁起の定型句「これがあればかれあり、これが生じる故にかれ生じる。これがなければかれなし。これが滅する故にかれ滅する」に関しても、その中の「これがあればかれあり」と「これがなければかれなし」は現象における空間的関係を、「これが生じる故にかれ生じる」と「これが滅する故にかれ滅する」は生滅における時間的関係を表したものと解釈する向きもある。

こうした一般的な理解が正しいのか、とりわけ原始仏教やゴータマ・ブッダの視点で考える場合、そうした理解でよいのかを考えてみよう。

まずは、そのために最古の韻文経典の例を眺めると、たとえば「欲求によって生存の快楽にとらわれる」（『スッタニパータ』七七三偈）、「生存のよりどころ〔となる根源的執着〕によって世の苦しみは起こる」（同一〇五〇偈）や、その逆の消滅については「識別作用が滅すれば、名色（名称と物質的存在）が消滅する」（同一〇三七偈）、「愛を断てば、涅槃を得る」（同一一〇九偈）といった具合に、物事の生滅に関する因果関係のみが説かれている。

散文経典で見ても、同様のことがいえる。たとえば、すでに挙げた十支縁起の経典に「生がある時、老いと死がある。生によって老いと死が生じる」と「生がない時、老いと死がない。生が滅することによって、老いと死が滅する」との生滅の表現が見られた。その中の「生がある時、老いと死がある」と「生がない時、老いと死がない」という表現は、存在の有無を示し、生滅を表現していないことから、この文節の意味は一般的に空間的な縁起の関係を示したものではないかと理解されている。これは、先述した縁起の定型的表現の「これがあれば（ある時）、かれがある」と「これがなければ（ない時）、かれもない」と同型文であり、現象における空間的関係であるという理解にも通じる。しかし、実際よく読んでみると、この文節は生と老・死との因果関係を示しているにすぎず、そこからは決して空間的関係と読み取ることはできない。つまり、この「生がある時、老いと死がある。生によって老いと死が生じる」と「生がない時、老いと死がない。生が滅することによって、老いと死が滅する」の文章は、「ある」と「ない」という表現が「生じる」と「滅する」という表現に言い換えられているにすぎないことが判る。つまり、縁起の定型句において存在の有無の視点から説いているのも、実は生滅の視点からの言い換えであって、いずれも因果関係を説いたものである。それをすべて時間的な関係だけであると限定もできないが、空間的関係と解するには少し無理があるといわなければならない。このように、韻文経典でも散文経典でも、縁起は一般的に空間的であると特定できる因果関係としては説かれていないと見るべきであろう。

ところが、縁起の意味にはっきりと空間的解釈を施した経典があるので、この点に少し触れておこう。「葦束《あしたば》」（『サムユッタニカーヤ』一二－六七）という経（漢訳では「蘆束経《ろそくきょう》」という）は、縁起とはどのような関係を意味するのかという問題に関して興味深い資料を提供してくれる。「葦束」を見てみよう。

マハーコッティッタがサーリプッタ（舎利弗）に、老・死や生、有、取、愛、受、触、六処、名色、識は、自らが作ったものであるのか、他が作ったものであるのか、その両方であるのか、どちらでもないのか、原因がなく生じるものなのかを尋ねると、サーリプッタはいずれでもなく、ただ生によって老・死があり、有によって生があり、そして識によって名色があり、名色によって識がある、と答える。識によって名色があり、名色によって識がある、という意味は何であるのかをマハーコッティッタが再び尋ねると、サーリプッタは一つの譬喩をもって説明する。

友よ、たとえば二つの葦束が別々に接して立っているとしよう。友よ、このように名色によって識があり、識によって名色がある。名色によって六処があり、六処によって触があり、……。この苦しみの集まりの原因は、このようなものである。友よ、もしその葦束の一つを引き抜いたならば、〔他の〕一束は倒れるであろう。もし他〔の一つ〕を引き抜いたならば、他〔の一束〕も倒れるであろう。友よ、このように名色が滅することによって識が滅する。識が滅することによって名色が滅する。名色が滅することによって六処が滅し、六処が滅することによって触が滅する。……この苦しみの集まりの原因は、このようなものである、と。

十支縁起を説くこの経中に見られる「たとえば二つの葦束が別々に接して立っているとし

よう」という譬喩の部分は、各支の関係を判りやすく説明したものである。これに対応する漢訳では「譬如三蘆立於空地、展転相依、而得竪立、」（『大正蔵』第二巻、八一頁中）と、束数で二と三との異なりはあるが、とりわけ留意しなければならないのは「別々に接して立っている」という表現が「相依」と漢訳されていることである。この漢訳によって「相依」という語が「縁起」の意味を表すものとして定着するようになったのである。この用語は別としても、この譬喩には別々に立っている二つの葦束が、それぞれが関わり合っていることで立っているという空間的な関係が示されており、十支それぞれの因果関係もそのようにして成り立つと説かれているのである。ところが、実際には各支の関係は常に一方から他方へと関係づけられており、決して可逆的ではない。ただ、識と名色の間の関係は「名色によって識があり、識によって名色がある」や「名色が滅することによって識が滅する。識が滅することによって名色が滅する」と、あたかも可逆性のように説かれているのも事実である。ただ、他の支分間にはいっさい見られないことから、名色と識の関係は十支縁起説の論理の帰結を示すための論法と理解すべきであろう。したがって、簡単に十支の関係を相対的、相互依存的という語で説明できるものではない。しかし他方で、こうした縁起の空間的解釈を思わせる譬喩を説くところに、「葦束」という経典の意義があるのも事実である。

このように、原始仏教で縁起の意味は何と問われた時に、何の限定もせずにすぐに「相依性」というのは慎重を要するであろう。「葦束」のような譬喩の解釈が、当時一般的であったかと聞かれれば、初期経典を見渡してみても、やはり否というべきであろう。その意味で、仏教は、縁起を相互連関というあらゆるものが互いに連関し合っている状態を指すものと解釈していた当時のジャイナ教とは異なった立場にあったと推測できよう。

あとがき

縁起思想は、仏教の伝播とともに、伝えられた地域と時代によって、さまざまに解釈され人々の心に根付いてきた。インドで生まれた縁起思想は、はたして現代の日本社会にも受け止められるであろうか。この日本で、今の日本人の心に縁起思想は、改めてどう解釈されて息づくのであろうか。

現代は人間疎外の社会であるとか、物質至上主義であるとか、人々のうちに人間として本来持ち合わせていなければならない社会性が崩壊しているといわれて久しいが、仏教がこうした社会に一つの視座を与えられるとすれば、そうした現状を修復するための道しるべを立てることであろう。それに最もふさわしいというべき仏教思想は縁起といってよいが、現代社会の病巣ともいうべき人間関係に、その教えはどのような治療を施してくれるのであろうか。

今日では、物事の現象に因果関係があるというのは改めて言うほどのことではなく、極めて自然に我々の思考の前提となっている。仏教が興起した時代であればこそ、その考え方・見方は画期的なものであったにちがいない。だから、仏教はこれを根底にした縁起の考え方に基づいて独自の思想を構築する歴史を歩んだのである。しかし、今を見れば、その当時の状況とはまったく異なった世界である。縁起思想がこの現代社会において何を訴えることができるのかといえば、それは原始仏教で主に説かれた因果関係よりも、後の展開で縁起の解釈の中心となった空間的な関係性を示す考え方のほうが今日的課題に対し有効性を発揮すると思われる。自己と他者、個と全体という本来の社会性を有する社会の蘇りこそが現代の重要課題であれば、こうした在るべき空間的関係を再構築することが求められる。

近代におけるこうした取り組みは、たとえば大正時代の椎尾弁匡《しいおべんきょう》（一八七六―一九七一）の共生会運動に端を発する「共生《ともいき》」という提唱に見られる。これは「日常の中で阿弥陀仏の真実生命を発見し、協調と分担の社会を実現する」新たな仏教運動であった。浄土教の視座からの宗教運動とはいえ、その拡がりは教育・福祉・社会運動などさまざまな分野でも一般化し、共生社会の実現が語られることにもなった。現代社会が抱える環境問題、社会や家族での人間関係などの危機的状況を乗り越える基本的理念として、端的にいえば一人一人の人間の在るべき行動規範の確立に尽きるのであるが、この共生思想は現代に溶け込んだ仏教思想の一つの在り方を示している。たとえば、教育という考え方を例にとれば、一方が教え他方が育まれるという教育から、教える側も教えられる側も共に育まれる共育という視座こそが、こうした共生の捉え方であろう。共生は、まさに縁起思想の現代版ともいうべき思想といってよい。

仏教が今も生きているなら、今の仏教が人々に開かれなければならない。歴史を振り返ってもさまざまに縁起は説かれてきたが、それに遺産として接するのではなく、今にふさわしい縁起思想とは何かを考え、その思想を提示し、実践することが必要である。共生は我々にその一例を提示してくれている。そうすることが、ゴータマ・ブッダによって興った仏教が、そして縁起思想が現代にも生きている証となるのである。

最後になったが、本書の出版に際して編集部の大室英暁氏に大変お世話になった。ここに感謝申し上げたい。

二〇一〇年四月一九日

並川孝儀

参考文献

本書を書くに当たり多数の研究者の著書・論文に負うところが多い。参照させていただいた主たる参考文献を以下に列挙する。

赤沼智善『原始佛教之研究』法蔵館、一九八一年
宇井伯寿『印度哲学研究 第二』岩波書店、一九六五年
小谷信千代『法と行の思想としての仏教』文栄堂書店、二〇〇〇年
小谷信千代「和辻博士の縁起説理解を問う――釈尊の輪廻説と縁起説」(大谷大学仏教学会編『仏教学セミナー』第七六号、二〇〇二年)
梶山雄一「縁起説論争――死に至る病」(東洋哲学研究所『東洋学術研究』第二〇巻第一号、一九八一年)
梶山雄一「輪廻と超越――『城邑経』の縁起説とその解釈」(京都哲学会編『哲学研究』第四七巻第八号、一九八四年)
梶山雄一「インド仏教における縁起説の発展」(真宗大谷派教学研究所『教化研究』第一〇六号、一九九一年)
梶山雄一『空入門』春秋社、一九九二年
木村泰賢『原始仏教思想論』木村泰賢全集第三巻、大法輪閣、一九六八年
三枝充悳『初期仏教の思想』東洋哲学研究所、一九七八年(『初期仏教の思想(下)』第三文明社レグルス文庫、一九九五年再録)
三枝充悳『縁起の思想』法蔵館、二〇〇〇年(三枝充悳著作集第四巻、法蔵館、二〇〇五年再録)
櫻部建『阿含の仏教』文栄堂書店、二〇〇二年
武内義範「縁起説に於ける相依性の問題」(京都大学文学部『京都大学文学部研究紀要』第四――京都大学文学部五十周年記念論集、一九五六年。『原始仏教研究』武内義範著作集第三巻、法蔵館、一九九九年再録)
田中教照『初期仏教の修行道論』山喜房佛書林、一九九三年
谷川泰教「原始ジャイナ教」(『岩波講座東洋思想』第五巻――インド思想(一)、岩波書店、一九八八年)
ジル・ボルト・テイラー『奇跡の脳』竹内薫訳、新潮社、二〇〇九年
中村元『思想の自由とジャイナ教』中村元選集決定版第一〇巻、春秋社、一九九一年
中村元『原始仏教の思想II』中村元選集決定版第一六巻、春秋社、一九九四年
並川孝儀『ゴータマ・ブッダ考』大蔵出版、二〇〇五年
並川孝儀『『スッタニパータ』――仏教最古の世界』岩波書店、二〇〇八年

服部弘瑞「原始仏教に於ける涅槃（nibbāna）の語義に就いて」（現代人文科学研究所『淳心学報』第三号、一九八四年）
吹田隆道「慈悲のこころ」（浄土宗総本山知恩院『知恩』第七八九号、二〇一〇年二月）
舟橋一哉『原始仏教思想の研究――縁起の構造とその実践』法蔵館、一九五二年
増谷文雄『存在の法則（縁起）に関する経典』（『阿含経典』を読む3、角川書店、一九八五年）
松本史朗『縁起と空――如来蔵思想批判』大蔵出版、一九八九年
水野弘元『原始仏教』平楽寺書店、一九五六年
水野弘元『釈尊の生涯』春秋社、一九七二年（増補版）
宮地廓慧「〈さとり〉と縁起説」（日本印度学仏教学会『印度学仏教学研究』第二七巻第二号、一九七九年）
宮本正尊「原始仏教における縁起説の考察」（国際仏教徒協会『佛教研究』第四号、一九七四年）
村上真完「原始仏教資料の新古問題と法の意味――『スッタ・ニパータ』の古層と『律』の仏伝をめぐって」（『印度学宗教学会論集』第三四号、二〇〇七年）
山崎守一「初期ジャイナ教における頭陀」（『田賀龍彦博士古稀記念論集――仏教思想仏教史論集』山喜房佛書林、二〇〇一年）
山崎守一「ジャイナ遊行者の衣・食・住――マハーヴィーラを中心にして」（『神子上恵生教授頌寿記念論集――インド哲学佛教思想論集』永田文昌堂、二〇〇四年）
和辻哲郎『原始仏教の実践哲学』岩波書店、一九七〇年（改版）
渡辺研二『ジャイナ教――非所有・非暴力・非殺生 その教義と実生活』論創社、二〇〇五年

並川孝儀……なみかわ・たかよし

一九四七年（昭和二十二年）、京都府に生まれる。佛教大学大学院文学研究科仏教学専攻博士課程満期退学。博士（文学・佛教大学）。専攻は原始仏教・アビダルマ（部派）仏教。インドのジャワハルラル・ネルー大学客員教授などを経て現在、佛教大学仏教学部教授。著書に『ゴータマ・ブッダ考』（大蔵出版）、『スッタニパータ』——仏教最古の世界』（岩波書店）、『インド仏教教団 正量部の研究』（大蔵出版）などがある。

構築された仏教思想
ゴータマ・ブッダ――縁起という「苦の生滅システム」の源泉

二〇一〇年一〇月三〇日　初版第一刷発行
二〇二四年　八　月一〇日　初版第三刷発行

著者　並川孝儀
発行者　中沢純一
発行所　株式会社佼成出版社
〒一六六―八五三五　東京都杉並区和田二―七―一
電話　〇三―五三八五―二三一七（編集）
〇三―五三八五―二三二三（販売）
URL　https://kosei-shuppan.co.jp/

印刷所　大日本印刷株式会社
製本所　大日本印刷株式会社

ISBN978-4-333-02467-4　C0315

構築された仏教思想

信仰から論理へ——。言語化され有機化された仏教思想。
そのシステムの全貌と本質をラディカルに問い、仏教学の新たな地平を切り拓く刺戟的な試み。

ゴータマ・ブッダ 縁起という「苦の生滅システム」の源泉 並川孝儀
龍樹 あるように見えても「空」という 石飛道子
法蔵 「一即一切」という法界縁起 吉津宜英
空海 即身成仏への道 平井宥慶
親鸞 救済原理としての絶対他力 釈徹宗
道元 仏であるがゆえに坐す 石井清純

妙好人 日暮しの中にほとばしる真実 直林不退
一遍 念仏聖の姿、信仰のかたち 長澤昌幸
ツォンカパ 悟りへの道—三乗から真の一乗へ 松本峰哲
覚鑁 内観の聖者・即身成仏の実現 白石凌海
蓮如 ともに泣く求道者 佐々木隆晃